DESVELANDO A ALMA BRASILEIRA

Dados Internacionais de Catalogação na Publicação (CIP)
(Câmara Brasileira do Livro, SP, Brasil)

Desvelando a alma brasileira : psicologia junguiana e raízes culturais / Humbertho Oliveira (org.). – Petrópolis, RJ: Vozes, 2018. – (Coleção Reflexões Junguianas)

Bibliografia.

ISBN 978-85-326-5865-4

1. Arquétipos (Psicologia) 2. Características nacionais brasileiras 3. Cultura – Brasil 4. Jung, Carl Gustav, 1875-1961 5. Mitos – Brasil 6. Psicanálise e cultura 7. Psicologia junguiana I. Oliveira, Humbertho. II. Série.

18-18852 CDD-150.1954

Índices para catálogo sistemático:
1. Psicologia junguiana 150.1954

Maria Alice Ferreira – Bibliotecária CRB-8/7964

Humbertho Oliveira
(org.)

DESVELANDO A ALMA BRASILEIRA

Psicologia junguiana e raízes culturais

EDITORA VOZES
Petrópolis

Rua Frei Luís, 100
25689-900 Petrópolis, RJ
www.vozes.com.br
Brasil

Editoração: Elaine Mayworm
Diagramação: Sheilandre Desenv. Gráfico
Revisão gráfica: Nilton Braz da Rocha / Nivaldo S. Menezes
Capa: Omar Santos
Arte-finalização: Editora Vozes

ISBN 978-85-326-5865-4

Editado conforme o novo acordo ortográfico.

Este livro foi composto e impresso pela Editora Vozes Ltda.

Sumário

Apresentação

Este livro inaugura a "Coleção Jung contemporâneo", um projeto do Departamento de Publicação da Associação Junguiana do Brasil (AJB)*, e sua edição vem mais uma vez confirmar a importante parceria entre a Editora Vozes e todos aqueles que divulgam o conhecimento junguiano, parceria estabelecida desde a primeira publicação de Jung no Brasil.

Seus capítulos provêm de estudos apresentados e discutidos na jornada *"Alma Brasileira": revisitando nossas raízes culturais*, ocorrida em Salvador em jun./jul. de 2017 (cf. disponível em: www.ajb.org.br/evento-jornada2017), um projeto do Departamento de Estudo e Pesquisa sobre a "Alma Brasileira" da AJB.

Foram fundamentais para a realização dessa jornada os apoios da diretoria da AJB (José Jorge Zacharias, Rosa Brizola, Claudia Brasil, Alessandro Caldonazo e Daniela Carneiro) e do Instituto de Psicologia Analítica da Bahia (Ipa-Bahia), dirigido por Tereza Caribé. Estiveram também na comissão organizadora da jornada os analistas em formação no Instituto da Bahia (Alessandra Guimarães, Antônio Garrido, Cristiano

* Departamento de Publicação da AJB. Editor: Humbertho Oliveira. Conselho editorial: Gelson Luis Roberto, Gustavo Barcelos, José Jorge Zacharias, Joyce Werres e Walter Boechat.

Costa, Erica Matos, Filinto Coelho, Felipe Alves e Silva, Lilia Gramacho, Lívia Campello, Manuelle Andreani, Mario Oliveira, Nina Cunha, Suzimeiry Sanches Lopes); além de Milena Pires e Viviane Laert.

Sou grato especialmente à Editora Vozes, que tornou possível a efetivação deste nosso projeto editorial.

Humbertho Oliveira
Coordenador do Departamento de Estudo e Pesquisa sobre a "Alma Brasileira" da Associação Junguiana do Brasil
Maio de 2018

1 "Alma Brasileira": revisitando nossas raízes culturais

*Humbertho Oliveira**

Mito, narrativa, vivência mítica

Alma brasileira, complexo tema. Não se trata de se referir a uma específica identidade brasileira, mas, sim, às múltiplas identidades de nossa brasilidade. Nesse sentido, mesmo que sem poesia, talvez devesse estar falando de almas brasileiras, no plural. São muitos brasis num só, são muitas histórias sobre ele, são muitas as referências identitárias. Aqui mora a diversidade étnica e geográfica, aqui mora o sincretismo das muitas almas brasileiras.

"São promissoras as investigações a respeito da alma brasileira", diz Leonardo Boff, incentivando-as. Trata-se de "entender melhor a si mesmo"; de irmanar-se a "uma humanidade planetizada que está se impondo como nova fase da Terra e da Humanidade"; de aproximar-se de um material humano

---

* Analista junguiano pela AJB/Iaap; coordenador do Departamento de Estudo e Pesquisa sobre a "Alma Brasileira" da AJB; organizador dos livros *Corpo expressivo e construção de sentidos* e *Mitos, folias e vivência*; professor da pós-graduação em Psicologia Junguiana da Unesa.

desconhecido, trazendo dele sentidos para a consciência coletiva; de revelar devires "almados" de brasilidades...[1]

Estudar a alma brasileira requer o "caminho mais adequado: o estudo dos mitos, dialogando com um mestre da interpretação do mito, que é C.G. Jung, com sua teoria dos arquétipos coletivos". O mito traduz a alma humana à linguagem das imagens, assim contando, explicando, revelando aquilo que "nos afeta profundamente e representa grande significado para a vida"[2].

O mito é o eixo da vida social, desde a cultura tribal até o homem da contemporaneidade, diz Walter Boechat. O mito sempre se faz vivo e presente através das variadas formas do inconsciente coletivo. Tanto "Freud quanto Jung se serviram do mito para circunscrever a fenomenologia do inconsciente e construir as bases da psicologia moderna do inconsciente". O mito de Édipo foi o mais explorado por Freud; gerou "a teoria da novela familiar", o parricídio e o incesto, produzindo uma nova leitura do homem e da cultura da Modernidade. Também o mito de Narciso serviu a Freud para a compreensão de fenômenos ligados à formação da consciência e do ego. A mitopoese da psique feita por Freud sobre o mito da horda primordial, relacionando-o aos "conflitos familiares" em suas emoções ligadas ao "poder, domínio, tirania, repressão, inveja, agressividade e atração sexual", antecipa muitos caminhos de mitopoeses que vieram a gerar compreensões para a vida psíquica[3].

---

1. BOFF, L. "Prefácio". In: OLIVEIRA, H. (org.). *Mitos, folias e vivências*. Rio de Janeiro: Bapera & Mauad, 2014.

2. Ibid. "Prefácio".

3. BOECHAT, W. "A visão junguiana dos mitos". In: OLIVEIRA, H. (org.). *Mitos, folias e vivências*. Rio de Janeiro: Bapera & Mauad, 2014, p. 20.

> Falávamos anteriormente da função mitopoética da psique, involuntária. Não só nos indivíduos, mas também no estudo das culturas, o mito torna-se indispensável para termos uma noção clara de identidade cultural. Em todas as culturas o mito estará invariavelmente presente, desde as antigas culturas tribais e entre os mais diversos povos. Na contemporaneidade, mitos típicos dominam a cultura particular de um povo, pois as culturas têm no mito um referencial de identidade significativo[4].

Os mitos dizem respeito à personificação de elementos materiais e das forças físicas, à personificação de ideias morais, à representação de pessoas significativas para a coletividade, ao aprofundamento da história dos povos e de suas raízes étnicas, a um antropomorfismo primitivo, sempre original e ao mesmo tempo sempre em mudança.

Os mitos, segundo Jung, "são revelações originárias da alma pré-consciente, pronunciamentos involuntários acerca do acontecimento anímico inconsciente e nada menos do que alegorias de processos físicos"[5]. Os mitos representam as expressões essenciais da alma, já que "a alma contém todas as imagens das quais surgiram os mitos"[6]. Os mitos também "equivalem aos restos desfigurados de fantasias correspondentes a desejos de nações inteiras", equipara-se a um "*sonho coletivo* do povo"[7].

---

4. Ibid., p. 25.

5. JUNG, C.G. *Os arquétipos e o inconsciente coletivo*. Petrópolis: Vozes, 2011 [*OC* 9/1, § 261].

6. Ibid., § 8.

7. JUNG, C.G. *Símbolos da transformação*. Petrópolis: Vozes, 2011 [*OC* 5, § 28].

Os mitos se processam a partir das narrativas, segundo Walter Benjamin. Para ele, a "narrativa tem sempre suas raízes no povo, principalmente nas camadas artesanais" da sociedade. As narrativas descem ao âmago e sobem ao sideral da experiência humana. E essa é a melhor maneira de reconhecer aquilo que faz parte da experiência coletiva e, portanto, do inconsciente coletivo arquetípico. Nelas, nem "a morte representa um escândalo ou um impedimento"[8].

Os mitos nascem, crescem e se transformam no decurso da riqueza sensorial e criativa da cultura oral. Foi assim que, na antiga Grécia, trezentos anos de narrativas a respeito de um certo Édipo foram coletadas, selecionadas e eternizadas por Sófocles no seu *Édipo rei*.

As narrativas míticas, as histórias contadas e recontadas pelas pessoas de uma comunidade ao longo de anos, segundo Maressa Vieira,

> carregam um grande número de imagens mentais e afetivas, segundo as quais os indivíduos interpretam a si mesmos e o mundo à sua volta por contarem eventos através de representações. Tais representações têm a função de fazer com que as pessoas se enxerguem nelas para entenderem o comportamento[9].

A importância que Jung deu aos mitos como forma de aproximação compreensiva à psique individual e ao inconsciente cultural é base deste estudo. E quando falamos em mitos, estamos nos referindo a algo ainda mais amplo, àquelas

---

8. BENJAMIN, W. *Magia e técnica, arte e política*. São Paulo: Brasiliense, 2012, p. 29.

9. VIEIRA, M. *O saci na tradição local no contexto da mundialização e da diversidade cultural*. São Paulo: USP, 2009, p. 19 [Tese de doutorado].

narrativas que nascem do barro do chão, da artesanalidade dos povos, visto que, para organizar recursos em relação às complexidades do real, estivemos, em todas as civilizações, sempre criando histórias extraordinárias de concepções acerca da vida. Nessas histórias, formamos paraísos e infernos que nos empurram para a busca do melhor. Nelas, colocamos tudo aquilo que não encontramos fácil nos percalços da vida.

As narrativas míticas são, portanto, as referências principais para o estudo da alma brasileira. Porém as narrativas, ainda mais, podem se tornar vivência mítica, ou seja, uma vivência artística do mito, uma vivência ritual, o lugar onde a habilidade em afetar e em ser afetado se torna intensa, produzindo devires, passagens, destinações, conhecimentos naqueles que aí se desenvolvem. A vivência mítica coloca-nos a postos para a construção da singularidade, põe-nos diante da possibilidade da presença[10].

Toda vez que alguém propõe o cantar ou o dançar ou o dramatizar de narrativas, na verdade está convidando a uma vivência mítica, a uma experienciação das formas e das expressões que evocam repertórios de afetos e ações. Na vivência mítica, o que importa é a criação de recursos e potências diante do coletivo, reforçando o interesse no bem comum, sem perda das autonomias[11].

A vivência mítica é possível através do forte caráter ritual daqueles que participam dos folguedos populares brasileiros. Tomemos como exemplos:

---

10. CHAGAS, M. & PEDRO, R. *Desafios entre a modernidade e a contemporaneidade*. Rio de Janeiro: Bapera & Mauad, 2008.

11. OLIVEIRA, H. "Vivência mítica e ação de irmanar". In: OLIVEIRA, H. (org.). *Mitos, folias e vivências*. Rio de Janeiro: Bapera & Mauad, 2014, p. 112.

- o bumba-meu-boi: um festejo feito de histórias de branco, de ritmo de negros e de dança de índios – que tematiza a fragilidade humana, a força animal e aquilo que não é decifrável, conclamando à jornada individual;
- a folia de reis: um ritual fundado na mitologia cristã, caracterizado por uma série de jornadas às casas de *devotos*, no período natalino, conclamando a criança divina.

A vivência mítica diz respeito à possibilidade de integração entre o corpo-experiência e o corpo-social, à criação, à construção de uma ética, à resistência aos poderes que não se irmanam. A vivência mítica está na contramão das imagens clichês; ela propõe a inclusão dos gestos do passado e busca o si mesmo na relação com tudo. Na vivência mítica está envolvida a construção de uma nova espiritualidade, a da alegria de viver em irmandade.

É nessa perspectiva que proponho o estudo da alma brasileira. Visitar amplamente nossos mitos indígenas, africanos e os da artesanalidade da cultura popular brasileira. Abordar o tema pelo viés, duplo, da reflexão e da vivência, indo atrás daquilo que nos é significativo e que nos traz respostas às indagações acerca do nosso lugar diante do outro, do sentido da vida e da morte, da consciência de para onde estamos indo. Ou seja, estudar a alma brasileira é pretender trazer à tona algumas dimensões profundas da vida humana e do que diz respeito aos mistérios da vida.

Estudo parte 1

Venho me dedicando ao estudo da alma brasileira pelo viés da psicologia junguiana há algum tempo. O primeiro estudo teve como marco um encontro entre profissionais da cultura popular, pesquisadores da mitologia e cientistas sociais, com a intenção de criar um diálogo com a psicologia analítica por intermédio de alguns analistas junguianos. Apoiado pela Oficina de Conhecimentos e pelo Instituto Junguiano do Rio de Janeiro, criei o I Colóquio "Psicomitologia Junguiana e Mitos Brasileiros". Nele participamos, como analistas junguianos: Walter Boechat, tematizando a visão junguiana dos mitos; Julia Andrade, expondo um estudo sobre as simbologias do boi; e eu, apresentando a noção de vivência mítica. E também estiveram presentes: Isabela Fernandes (mitóloga junguiana), oferecendo seus estudos a respeito da figura do curupira; Juliana Manhães (cientista social e dançarina) e Norma Nogueira (educadora e musicista), trazendo a vivência do bumba-meu-boi e do cazumba. O colóquio – acrescido do antropólogo Wagner Chaves, estudioso das folias de reis – gerou o livro *Mitos, folias e vivências*. Essas comunicações nos permitem realizar alguns retratos da alma brasileira.

A partir desses estudos, vale a pena, aqui, sublinhar algumas contribuições importantes para a análise da alma brasileira.

A folia de reis

Wagner Chaves nos apresenta uma visão dos festejos populares do ciclo natalino brasileiro. Assim, ele traça, etnograficamente, uma genealogia das folias de reis, tendo em vista a tradição oral. Nesse contexto, o autor chama a atenção para as articulações entre o rito e o mito, entre o passado e o presente, apresentando um conjunto de símbolos evocados e indicando os variados sentidos relacionados ao acontecimento ritual das folias de reis.

O autor fala das folias como manifestações das tradições populares atuando a partir de uma jornada ritual que percorre um caminho de noite e de dia, realizando visitações às moradias, às igrejas, aos cemitérios, aos currais, às roças, tido como um caminho sagrado. Para muitos dos foliões de reis, nessas visitas estão reproduzindo ritualmente a viagem de adoração dos reis magos advinda da tradição das narrativas cristãs, celebrando a chegada de uma nova era, tendo como centro o nascimento de Jesus, numa sequência que parte de uma anunciação, seguindo-se de uma viagem, uma visita e uma volta. Uma das versões a respeito das promessas dos foliões de reis está relacionada ao ritual de presentear e de saudar o Menino.

Chaves destaca "a presença da estrela", referida como a guia que indicou aos reis magos o caminho para se chegar na cidade de Belém, onde o Menino tinha nascido. Para alguns foliões, a estrela ilumina o encontro dos três reis e o momento em que "passam a caminhar juntos". Mediante alguns relatos colhidos, o autor chama a atenção para uma associação das "personagens e ações do *princípio* com as circunstâncias do presente". O folião de reis iria assim associando a narrativa mítica à sua própria experiência, "articulando e estabelecendo continuidades entre os reis e sua vida", incorporando no ritual "elementos do contexto, aproximando mito e presente, princípio e hoje"[12].

Outro aspecto importante aparece no estudo de Chaves. Trata-se das criações das folias de reis no que se refere ao mitologema do encontro dos reis com Herodes. Por ser asso-

---

12. CHAVES, W. "A origem da folia de reis na tradição oral: variações de um mito". In: OLIVEIRA, H. (org.). *Mitos, folias e vivências*. Rio de Janeiro: Bapera & Mauad, 2014, p. 78, 79.

ciado ao aspecto negativo do mito, diferente daquele outro aspecto que exalta as figuras do Menino Deus, seu pai José e sua mãe Maria, Herodes tende a ser evitado nas folias. Mas, mesmo assim, surge através da prática de um silêncio cuidadoso durante os percursos entre as casas visitadas. E aparece também numa referência dada por algumas folias aos palhaços que vêm acompanhando os foliões: os guardiões. Podemos aqui nos referir ao temor da perda da criança divina, afinal, na narrativa bíblica Herodes pediu aos reis que, quando voltassem, passassem por ele e lhe informassem sobre a localização do Menino; tencionava exterminá-lo.

Em algumas folias, "símbolo no sentido forte e performativo do termo, a *toalha* aparece, na região pesquisada, como importante *fundamento* da folia". O folião que usa a toalha enlaçando-a no pescoço torna-se mais próximo ao santo[13].

Diz Chaves:

> Nesse primeiro plano de significado, a *toalha* aparece como um emblema, signo visível de identidade e pertencimento à equipe ritual. Sinal de identidade coletiva, de *divisa*, que separa e distingue *foliões* e não *foliões*, a *toalha* é também considerada um objeto sagrado, dotado de poder e eficácia, transformando quem a usa, como destaca Joaquim Goiabeira, *folião* e construtor de instrumentos musicais[14].

Um dia, os reis voltam para casa. Para os foliões, isso se repete na folia de reis: após a visita, eles saem da casa. Para Chaves, estão aqui envolvidos o "tempo mítico dos reis e o tempo do rito, do *giro* dos *foliões*". A saída das folias de uma

---

13. Ibid., p. 81.

14. Ibid., p. 82.

visita costuma ser um dos momentos em que mais fortemente aparece a dimensão religiosa[15].

E Chaves continua:

> E, ao final, depois da festa, os reis retornam, juntos [numa versão] ou separados [em outra versão], para suas terras. Os *foliões* também, terminado o *giro* com a festa na casa dos *imperadores*, voltam às suas casas e à rotina da vida diária até que para o ano, novamente, são convocados para mais uma folia de reis, ocasião em que esse mundo de relações é recriado e, uma vez mais, vivenciado[16].

Nesse rico ambiente de estudo, o autor descreveu etnograficamente os foliões apresentando-os como construtores contínuos de sentidos para suas práticas, recolhendo os saberes fragmentados, ligando-os e religando-os numa perspectiva criativa. Chaves nos mostra que

> observando as versões como um todo, percebemos que cada uma é ao mesmo tempo única, distinta – construindo ênfases próprias, condensando passagens ou desenvolvendo outras, acrescentando detalhes narrativos e combinações – e a mesma – trabalhando com os mesmos personagens, sequências, formas e intenções narrativas. Cada relato, assim, paradoxalmente, é único e o mesmo. O mito de origem da folia, assim entendido, é o dispositivo que conecta mundos, relaciona temporalidades, revelando-se ainda como o *fundamento* de práticas, símbolos e relações que fazem da folia um evento ritual[17].

---

15. Ibid., p. 84.

16. Ibid., p. 86.

17. Ibid., p. 87.

O cazumba

Nesse contexto de estudo, Juliana Manhães nos traz outro ambiente da alma brasileira, o cazumba do bumba-meu-boi, "relacionando sua imagem ao sagrado, ao grotesco, às representações arquetípicas que vão do riso ao sobrenatural, ocupando um lugar mistificado na brincadeira"[18].

O cazumba é a sua movimentação. Seus mistérios estão relacionados ao jogo, à ambiguidade, ao grotesco, ao cômico, ao mascarado. O cazumba se inspira no compartilhamento, especificamente nas reações do outro à sua imagem. O cazumba é dúbio, é demoníaco; é um excesso na sua indumentária, no seu traseiro, em sua careta animalesca, no seu movimento mutante e em todas as partes do corpo. O riso é a base do cazumba, sai dele através de risadas desconcertantes, divertidas, transgressoras. O personagem é capaz de nos assombrar a partir de sua brincadeira em função de se comunicar com imagens presentes no inconsciente. O cazumba é um palhaço. Nas palavras de Manhães,

> o jogo é parte intrínseca da *performance* [do cazumba] porque ele cria o "como se", a arriscada atividade do fazer-crer. No momento da brincadeira, todos os brincantes acreditam e vivem aqueles personagens como se fossem eles; o brincante tem consciência de sua representação, mas se confunde com esse "outro" até no cotidiano. [...] A pessoa para ser cazumba precisa "vestir" a sua roupa e careta e, neste "outro corpo", encontra a sua

---

18. MANHÃES, J. "A *performance* do cazumba: entre o sagrado e o grotesco". In: OLIVEIRA, H. (org.). *Mitos, folias e vivências*. Rio de Janeiro: Bapera & Mauad, 2014, p. 89.

> potência para a brincadeira, as suas marcas pessoais para sua dança e jogo[19].

Um aspecto muito importante dessa figura é sua careta, inspirada nos animais, fazendo-se assustadora. Um outro é sua bunda, sua região pélvica. É a partir dessa região que o cazumba realiza seus movimentos e seu gestual engraçados, intensos e afirmando uma espécie de prontidão. O cazumba é sempre a parte de um processo em constante andamento, nunca em conclusão; e é assim que sua imagem mantém uma vivacidade. Agregado a esses movimentos está o riso impetuoso, engraçado, alegre, transgressor, regenerador, subversivo, artístico. O conjunto de suas imagens e manifestações é da ordem do inconsciente coletivo, representa o indizível e o impensado. Tudo isso permite associar o cazumba a outros ícones míticos, especialmente aos ícones do candomblé e da umbanda.

> A encruzilhada é um lugar onde pontos se convergem, se encontram, local de fronteiras, de transitoriedade. Iremos comparar a *performance* do cazumba à encruzilhada como um espaço que tem o compromisso com a sua liberdade, e que, a partir do ritual e da brincadeira, faz da sua transgressão um ato compreendido, como já mencionei sobre a figura do cazumba.
>
> [...]
>
> O cazumba [como o Exu] é aquele que também pode conviver com suas normas de maneira amena, de modo que dentro da roda e durante as festividades ele não é levado muito a sério, podendo fazer o que tiver vontade, aproveitando-se de suas emoções para ludibriar as pessoas presentes; é um personagem que pode abusar de sua indisciplina, zombando de todos, mas que, mesmo

19. Ibid., p. 91, 92.

> assim, sempre estará ocupando o lugar de iniciar a brincadeira do boi, abrindo a roda para todos os personagens que vêm a seguir[20].

Além do mais, esclarece Juliana Manhães a partir de sua própria vivência, o cazumba é um dos seres que habita o lugar intermediário, um lugar ao mesmo tempo da morte e da ressurreição. Ele espalha igualdades, espalha o tempo fora do tempo, espalha sentido único e pleno. Ele é um zumbi, uma alma, um espírito, um ancestral, um deus, um mito que atravessa. O cazumba é liminaridade, passagem, transição.

A personagem ganha sentido na interação com o outro, no intercâmbio entre o sagrado e o profano, nas dualidades, nas forças da natureza, assim como os arquétipos de referências africanas. O cazumba é o excesso, é o sorriso, é o medo, é monstruoso e é divino. É uma figura que tem um leque amplo de símbolos, mas traz por excelência o valor da irmandade; tudo em sua brincadeira busca a interação, busca parceiros.

"O fato de ele 'abrir' a roda, iniciando e puxando os outros personagens que vão entrando em seguida; a questão da sua individualidade dentro do coletivo, já que cazumba anda sempre em bando; a possibilidade de transitar espacialmente dentro da roda da brincadeira e seu jeito de ser despertar personalidades que vão desde o palhaço ao feiticeiro, entre os arquétipos do 'bem e do mal'. Sua marca está na diversidade, representada pelas variadas facetas da sua personalidade advinda de um coletivo riscado na força do indivíduo", complementa Manhães[21].

---

20. Ibid., p. 98, 97.

21. Ibid., p. 102.

O curupira

Estudando o curupira e relacionando-o aos mitos de inversão, Isabela Fernandes nos fornece importantes imagens referentes ao ambiente indígena. O curupira é apresentado como o deus protetor das florestas e dos animais, atuando contra os homens em suas infâmias destruidoras. Ele é um duende, um gnomo das matas, um misterioso, um aterrorizante; tem jeito de um menino que possui uma força enorme. O curupira é uma imagem mítica criada espontaneamente pelos caçadores da região norte do Brasil. Ele tem aspectos de divindade ligados à floresta, mas também de bruxa que engana e devora os caçadores. Cabe-lhe ainda tanto a imagem de guardião dos animais quanto a imagem de mestre dos ritos de passagem.

Haveria uma ligação do curupira com o primitivo, com o profundo das noites da floresta, com o mais recôndito da psique humana. Nas diversas descrições, ele aparece com os pés voltados para trás, com suas partes corporais não articuladas, com corpo peludo, destituído de orifícios e com a dentição em forma de cristais reluzentes. Assim, o curupira habita o lugar onde o homem, o animal e o deus se relacionam. Como um deus pagão, ele está ligado às forças caóticas da psique, a forças sempre-ocultas e de pura-natureza.

"Nesse sentido, o curupira pertence àquele âmbito do imaginário humano que, em ensaio anterior, chamamos de *campo de alteridade do imaginário*. Esse elemento selvagem dentro do homem reclama sua expressão e atuação produzindo imagens de inversão para com o comportamento 'normal' da vida consciente", diz Fernandes[22].

---

22. FERNANDES, I. "O curupira e os mitos de inversão". In: OLIVEIRA, H. (org.). *Mitos, folias e vivências*. Rio de Janeiro: Bapera & Mauad, 2014, p. 40, 41.

Seus pés invertidos permitem pensar os opostos, especialmente o lugar entre o que se conhece e o que se desconhece. O curupira, em sua função de guardião, pode permitir "ao homem se perder ou se encontrar em seu trânsito iniciático pelo interior da mata e da alma". O curupira rege arquetipicamente os terrores diante da natureza, aquilo que o humano faz se tornar sagrado para poder encontrar uma forma de lidar. Fernandes associa o curupira às figuras do *trickster*, do palhaço, do coringa, do arlequim, do embusteiro; apresenta-o como uma capacidade de resgate consciente de um plano fantasmagórico inconsciente ligado a maldições e banimentos, um resgate daquilo que foi culturalmente reprimido para que possa se ligar com o instinto, enraizando-se[23].

> Articulador entre níveis opostos, o curupira também é, como todo *trickster*, uma divindade das transações e das trocas escusas. O curupira gosta de fazer com os caçadores negociações secretas, que em geral levam o homem a transgredir fronteiras perigosas. Nesse sentido, o curupira representa os "compromissos" – sempre traiçoeiros – que devem ser realizados entre o mundo humano e o mundo selvagem, para que seja superada a cisão entre esses dois registros. O homem quase nunca consegue cumprir esses tratos, e acaba sendo punido. Às vezes, porém, o homem é capaz de respeitar o compromisso, sendo então abençoado com dádivas sem conta[24].

O curupira é amigo dos que estão atentos à lei, daqueles que não destroem a natureza; ele é amigo dos cumpridores de acordos. Para estes, o curupira abre os caminhos revelando segredos da mata e concedendo a sorte de boas caçadas.

23. Ibid., p. 41.
24. Ibid., p. 46.

Como um avô, ele guia; como uma criança divina, ele cria possibilitando o novo, permitindo acessar aquilo que não se sabe. O curupira seria "uma criação da fantasia humana que busca cumprir as exigências paradoxais do próprio mundo selvagem: para compensar os excessos da ação predadora do homem sobre a natureza, e para regular as perdas que o homem provoca no mundo selvagem", atendendo "à necessidade de equilíbrio entre vida e morte, perdas e ganhos, caça e caçador"...[25]

A associação do mito do curupira aos problemas da interação entre o homem e a natureza evoca a questão da consciência humana, aquilo que vem para permitir a escolha. Trata-se do caminho que leva ao outro, do enlace da consciência e do inconsciente para a realização da alteridade. Trata-se da necessária construção de sentidos diante do vivido, já que "tudo o que permanece na alma humana sem compreensão e sem redenção está condenado a retornar, e voltar a retornar ininterruptamente, até encontrar redenção e compreensão". Trata-se da possibilidade de o homem transformar sua agência e seu domínio sobre o outro e a natureza em tolerância e humildade, ampliando as possibilidades de combater a exclusão e a destruição[26].

Na conclusão riquíssima de Fernandes, ela comenta:

> Os mitos de inversão do curupira, criados pelas comunidades caçadoras brasileiras, parecem cumprir a função compensatória arquetípica de tentar superar a dissociação entre a alteridade selvagem e a identidade cultural. A sabedoria desses mitos de inversão brasileiros – ligados à figura do curupira e de outras "assombrações" vinga-

25. Ibid., p. 47.

26. Ibid., p. 60, 61.

tivas das matas, tais como o boitatá, o anhangá, o saci ou o caapora – revela os perigos de se perder de vista a conexão periódica entre a *anomia* e o *nómos* social. O universo mítico que envolve a figura do curupira mostra os perigos do confinamento do homem dentro de seus próprios limites de identidade cultural e individual. Do ponto de vista do mito de inversão pode-se concluir que, se a consciência coletiva não aceita integrar em si mesma o elemento de alteridade, corre o risco de se perder de uma vez por todas para este "outro" que, sabemos, vai contra-atacar violentamente. Pois o não reconhecimento do "outro" – o anormal, o inimigo, a natureza, o demoníaco, a *anomia* – como instância legítima do próprio indivíduo e da ordem cultural destrói a possibilidade de emancipação espiritual do homem. Os mitos das mais antigas civilizações, assim como os mitos de nossos índios e sertanejos brasileiros, nos revelam a importância da "nomeação do *outro* como elemento constituinte do *mesmo*, como condição da própria identidade" [...]. Dessa forma, o curupira é o deus protetor das matas brasileiras, mas é também "o *outro*, o nosso duplo, o estranho dentro de nós, em reciprocidade com nosso próprio olhar, como uma imagem num espelho"[27].

Estudo parte 2

Nesta estrada que aí venho trilhando, a do estudo da alma brasileira, nasceu este livro. Aqui vem a segunda etapa desse meu estudo, mais uma vez realizado a partir de um importante diálogo entre a mitologia brasileira e a psicologia analítica de Jung. Tendo como parceira Tereza Caribé, construímos a

27. Ibid., p. 61.

II Jornada da Associação Junguiana do Brasil (AJB), *Alma Brasileira: revisitando as nossas raízes culturais*, apoiados pelo Departamento de Estudo e Pesquisa sobre "Alma Brasileira" da AJB e pelo Instituto de Psicologia Analítica da Bahia (Ipa-Bahia).

A jornada nos trouxe também, mais uma vez, um ambiente de oficina de conhecimentos, entremeando abordagens reflexivas psicológicas, antropológicas e sociais a respeito da alma brasileira e vivências ligadas à arte e à cultura popular nacional. Fizeram parte: André Lobão (arteterapeuta e contador de histórias) e Claudia Brasil (analista junguiana e arteterapeuta) ofereceram uma experiência corpo-brincante com a cultura popular do Maranhão; Isabela Saffe (psicóloga junguiana e dançarina), através da dança, tocou no tema do Brasil, seus corpos e suas raízes da alma; Norma Nogueira (musicista e educadora), Rodrigo Magno (músico e educador), Wagner Chaves (antropólogo e músico) e eu (analista junguiano e músico) coordenamos um *workshop* sobre folias de reis, tratando de seus sentidos e de suas imagens, rituais e cantos; André Lobão performou *O rei que mora no mar: o divino boi do Maranhão*; José Jorge de Morais Zacharias (analista junguiano) fez a conferência de abertura intitulada "O tecido multicultural brasileiro"; Pai Balbino (Alagbá Babá Mariwó do terreiro Egungun Ilé Agboulá) e Vanda Machado (doutora em educação) falaram sensivelmente de nossas raízes africanas; Iuri Passos e o Grupo Rum Alagbê (músicos) performaram a beleza e a complexidade dos ritmos do candomblé; os integrantes pernambucanos do Instituto da Bahia (psicólogos junguianos) convidaram o público para uma "ciranda de Pernambuco"; Walter Boechat (analista junguiano) fez uma importante palestra intitulada "Complexo cultural e brasilidade"; O Grupo Corrupio e Wakay (músicos e musicoterapeutas) encantaram com cantos e músicas indígenas; Inácio Cunha (analista junguiano) refletiu sobre "Um mito do roubo do fogo no Brasil indígena"; Isabela Fernandes (mitóloga) explanou sobre "Os filhos da onça – um mito dos heróis bororos"; Carlos Bernardi (analista junguiano) falou sobre "A Pedra do Reino – mito e realidade na alma do sertanejo"; Norma Nogueira, Rodrigo Magno, Wagner Chaves e eu apresentamos uma aula-espetáculo sobre a religiosidade popular nas folias de reis; José Antônio Saja (professor de filosofia) trouxe a baianidade, a mistura da alma brasileira; Padre Alfredo Dórea (mestre em teologia católica), Pastor Djalma Torres (mestre em teologia) e Felipe Alves e Silva (psicólogo junguiano) deram uma aula de alteridade, simplesmente oferecendo-se a uma conversa que intitulamos "O diálogo inter-religioso"; e, por fim, "As ganhadeiras de Itapuã", com tradição, fecharam a jornada com a mais alta musicalidade popular da Bahia.

Este livro, *Desvelando a alma brasileira*, nasce dessa jornada na Bahia. Aqui estão, ampliados e acrescentados, alguns estudos que foram lá apresentados. As questões veiculadas nos capítulos deste livro foram construídas na singeleza da atmosfera artístico-popular-brasileira presente nesse encontro.

2 Caminhos de volta: o retorno consciente às origens

*Tereza Caribé**

> *A tarefa que se propõe ao homem moderno consiste em recuperar o enraizamento mítico e cosmológico, sem sacrificar os ganhos da consciência moderna* (SHAMDASANI, 2005: 352).

Introdução

O tema da alma brasileira é muito caro para todos nós junguianos e, por isso mesmo, tem estado no centro de nossos interesses e realizações. Durante a jornada da Associação Junguiana do Brasil (AJB), realizada em julho de 2017 na cidade de Salvador, com cerca de 200 participantes, celebramos a alma brasileira não apenas a partir de discussões teóricas sobre sua natureza, mas, especialmente, pelas várias manifestações da cultura popular que aconteceram. Podemos dizer que se tratou de um encontro muito especial, no qual buscamos caminhos

* Psicóloga, analista junguiana pela AJB/Iaap; fundadora e presidente do Instituto de Psicologia Analítica da Bahia (Ipa-Bahia); especialista em psicologia clínica.

para que a Psicologia possa vir a oferecer uma contribuição, mais expressiva, aos estudos sobre esse tema tão relevante.

Estávamos ali imersos no que há de mais caracteristicamente junguiano: o diálogo. Como sabemos, o método dialético é o método junguiano por excelência. Vivemos o diálogo em múltiplos aspectos: o passado com o presente, o consciente com o inconsciente, o pessoal com o coletivo, o eu com o outro, o semelhante com o diferente.

Partimos de um propósito e de uma visão dialógica entre a Psicologia e a Cultura e o resultado foi um encontro profundamente fertilizador, do qual emergem, como desejo e promessa, "Caminhos de volta – o retorno consciente às origens", o contato permanente com as nossas raízes, de onde, certamente, brotarão novos olhares e novos saberes, para dialogarmos com a cultura atual na qual estamos imersos, e que tem se caracterizado como a *cultura da globalização, a cultura do espetáculo, a cultura da aceleração e da alienação.*

Psicologia analítica, história e cultura

Para falar da alma brasileira gostaria de, em primeiro lugar, contextualizar, em linhas gerais, as questões relativas à natureza, cultura e historicidade, no pensamento de Jung. Já nos seus primeiros escritos, Jung deixa claro que o sujeito, para ele, é um sujeito histórico e destaca a importância da História na compreensão dos fenômenos. A compreensão da História e da Cultura tem um papel fundamental na visão de mundo de Jung e é indispensável para o entendimento da sua obra. Para ele, natureza e cultura são indissociáveis, pois se encontram amalgamadas, de forma inseparável, na experiência humana. Não se pode perder de vista, portanto, a perspectiva da História e do sujeito histórico – o qual, ao mesmo tempo, é histórico e singular – como um dos aspectos da construção da psique na psicologia junguiana. Dispersas ao longo da sua obra, encontramos várias referências a respeito dessa visão, como numa carta que escreveu a Freud, em 1909, período em que já mergulhara num profundo e extenso estudo sobre mitologia. "Ficou completamente claro para mim que não resolveremos o 'x' da questão da neurose e da psicose sem a mitologia e a história cultural" (JUNG. *OC* 1, 2012: 31). Ou em outra carta, também para Freud:

> O entendimento completo da psique (se é que isto é possível) só advirá através da História ou com sua ajuda. Da mesma forma como o entendimento da anatomia e da ontogênese só é possível com base na filogênese e na anatomia comparada. Por esse motivo, a mitologia me parece agora sob uma nova e significativa perspectiva. O que observamos hoje numa alma individual – em forma comprimida, truncada ou unilateralmente diferenciada – pode ser constatado em extensas porções espalhadas pelo passado histórico (JUNG, apud SHAMDASANI, 2005: 235).

É interessante observar como Jung articulou a história cultural e a subjetividade e como suas ideias foram se desdobrando em novas descobertas a respeito da forma pela qual essas dimensões psíquicas se entrelaçavam. Para ele, o indivíduo era potencialmente capaz de acessar, mesmo que parcialmente, não só a sua memória individual, a sua história pessoal, como também a de sua cultura e de sua ancestralidade e até mesmo a da raça humana. O estudo e a compreensão dos símbolos e dos mitos tiveram um papel de grande importância. Ele recupera o mito como fundamento da psique e como elo indissolúvel que liga os homens de todos os tempos entre si. Por esse caminho, chega ao inconsciente coletivo, à concepção dos arquétipos e resgata a realidade da alma e sua noção como *alma* do mundo.

Em um dos seus livros, *Símbolos de transformação*, de 1912, ele diz o seguinte:

> A Psicologia não pode prescindir da contribuição das ciências do espírito, especialmente da história do espírito humano. É, sobretudo, a História que hoje nos permite coordenar a imensa quantidade de material empírico e reconhecer a importância funcional dos conteúdos coletivos do inconsciente. A psique não é uma coisa dada, imutável, mas um produto de sua história em marcha. [...] A História sempre de novo nos ensina que, ao contrário da expectativa racional, fatores assim chamados irracionais exercem o papel principal, e mesmo decisivo, em todos os processos de transformação da alma (JUNG. *OC* 5, 2012).

Para uma melhor compreensão dessa perspectiva junguiana que valoriza a importância dos processos históricos, como também a presença de fatores irracionais nos processos de transformação da psique coletiva, uma leitura recomendada é o livro *Reflexões sobre a história* de Jacob Burckhardt, um dos mais importantes historiadores do século XX, que exerceu uma forte influência sobre Jung. Ele assimila de Burckhardt os aspectos de multiplicidade e mutabilidade das culturas que as levariam, inexoravelmente, a um esgotamento, a um fim. Com esse entendimento, ambos admitem a existência de algo chamado *Zeitgeist* (espírito de uma época) ou imaginário coletivo, que para Burckhardt seria o reservatório de todas as experiências da humanidade através do tempo. Esse espírito, em cada época histórica, "troca de vestimenta, quando desgastada" (metáfora empregada por Jung e Burckhardt), num ato perpetuamente criativo. Jung vale-se, também, de uma outra metáfora:

> Civilizações, para mim, parecem aquelas plantas cuja vida real e contínua encontra-se no rizoma e não nas flores, que rapidamente fenecem, e nas folhas decíduas, que aparecem acima da superfície e que consideramos as manifestações essenciais da vida. [...] Todas as formas se gastam pela ação do tempo a não ser que mudem. E podem mudar, pois a centelha que as gerou é suficientemente potente para infinitas gerações (JUNG, apud MARONI, 1998).

Numa linguagem junguiana, poderíamos chamar essa centelha, ou espírito, de forças arquetípicas do inconsciente coletivo. Tais forças atuam, permanentemente, para que determinadas configurações se constelem, num certo período histórico. Vendo sob essa perspectiva, cada época vive contradições e conflitos que correspondem aos arquétipos que a regem. Os arquétipos correspondem ao rizoma, o elemento que perdura, a centelha invisível; eles são a base sobre a qual se erigem as culturas. "O arquétipo é encontrado com muitas variantes no campo da mitologia e da religião comparada, e forma a base de numerosas representações coletivas" (JUNG. *OC* 9/1, 2012: 155).

Importante lembrar que Jung se coloca como um crítico da Modernidade, da civilização e do coletivo que, para se manterem e *progredirem*, esmagam o indivíduo. Este, no seu entender, é o único elemento criativo capaz da tarefa heroica de libertação e transformação na cultura, sempre em transição. A individuação é um gigantesco esforço para que o indivíduo transformado, portador de novos valores, possa, inserido na vida, na grande corrente da cultura, contribuir para as mudanças.

Como se fossem camadas geológicas ou uma imagem da psique

Seguindo com a ideia de Jung de que a História tem um papel preponderante na construção da psique, cito uma passagem do livro *Memórias, sonhos e reflexões* (1975: 143), na qual ele relata e analisa o sonho que teve numa viagem que fez aos Estados Unidos, com Freud, para as conferências na *Clark University*. Interpretando as suas próprias imagens oníricas, ele considera esse sonho como uma "imagem da psique". O sonho se passa numa casa de dois andares, na qual cada andar corresponde a um nível distinto da psique. O primeiro andar é uma representação da consciência e a imagem trazida pelo sonho é de uma sala em estilo clássico, com belos quadros e móveis. O andar abaixo, o térreo, já equivale ao inconsciente e essa parte da casa datava do século XV ou XVI. As características eram de uma construção medieval, pouco iluminada. Saindo desse ambiente, ele desce uma escada de pedra e chega a uma sala muito antiga, cujo teto era uma abóbada e, examinando as paredes, conclui que datavam do período romano. No piso, descobriu um acesso para uma outra escada que o levava a uma gruta rochosa, último nível, o mais profundo e arcaico. Ali ele encontra ossadas, restos de vasos e vestígios de uma civilização primitiva que representavam, segundo sua concepção, o mundo do homem primitivo dentro dele. Sobre esse sonho, Jung também coloca:

> Por causa desse sonho pensei, pela primeira vez, na existência de um *a priori* coletivo da psique pessoal, *a priori* que considerei, primeiramente, como sendo vestígios funcionais anteriores. Só mais tarde, quando minhas experiências se multiplicaram e meu saber se consolidou, reconheci que esses modos funcionais eram formas dos instintos: os arquétipos (JUNG, 1975: 145).

Nesse sonho é possível perceber o caráter impessoal do que viria a ser denominado de inconsciente coletivo, como também as marcas da História e da Cultura. Ao chegar ao conceito de inconsciente coletivo, chega-se a uma camada mais profunda da natureza universal, formada pelo somatório da experiência da humanidade, por seu legado filogenético, além das formas estruturais atemporais, categorias *a priori* que ele chamou de psique objetiva ou *alma do mundo*. Jung se refere ao inconsciente coletivo com uma bela imagem:

> Ele é como um vasto oceano, com o ego flutuando sobre ele como um pequeno barco. Quando aceitamos esse ponto de vista, temos de supor que a vida é realmente um *continuum* e destinada a ser, como é, toda uma tessitura na qual as coisas vivem com ou por meio uma da outra. Assim, árvores não podem existir sem animais, ou animais sem plantas, e talvez animais não possam ser sem o homem, ou o homem sem animais e plantas, e assim por diante. E sendo a coisa inteira uma tessitura, não é de se admirar que todas as suas partes funcionem juntas [...] porque são partes de um *continuum* vivo (JUNG, 1975).

Voltando a esse modelo da psique, com diversas camadas psíquicas, como se fosse uma imagem de escavação arqueológica, Jung buscava níveis de diferenciação para o inconsciente coletivo, como também tentava responder questões relativas às diferenças culturais. Embora tenha recebido algumas críticas a esse modelo, é indiscutível o quanto Jung se colocava adiante do seu tempo ao estudar diversas etnias e criticar a hegemonia das perspectivas eurocêntricas, demonstrando interesse pelo desenvolvimento de culturas diversas e pelo entrelaçamento entre inconsciente e cultura.

Mesmo sem ter dedicado um maior detalhamento a esse tema, o conceito de inconsciente cultural já estava ali esboçado. Em *OC* 7, § 235, ele diz: "Na medida em que há diferenças correspondentes a raça, tribo e família, também há uma psique coletiva e, além disso, uma psique coletiva universal". Jolande Jacobi, sua colaboradora, partindo dessa ideia de camadas psíquicas, construiu uma imagem gráfica, semelhante a estratos geológicos, como uma representação da estratificação do inconsciente. Na parte mais profunda haveria uma força central insondável, vindo em seguida, acima dela, os seguintes níveis: animais ancestrais, ancestrais humanos primitivos, grupos humanos ou grupos étnicos, nação, tribo, família e, por último, o indivíduo. Todas essas camadas estariam presentes no inconsciente de cada ser humano. Jung apresenta e comenta tal gráfico no seminário de 1925, citado no livro *Seminários sobre psicologia analítica*.

Mais recentemente, alguns estudos aprofundaram e ampliaram essa proposição junguiana. Destacamos a importante contribuição de Joseph Henderson, o qual desenvolveu o conceito de "inconsciente cultural", como também a de Thomas Singer e Samuel Kimbles, que desenvolveram o conceito de "complexo cultural". Tais conceitos, bem mais dinâmicos que a imagem da estratificação, abriram novas perspectivas para a compreensão das relações entre indivíduo, cultura e processo de formação de identidade cultural. Henderson define, com mais clareza, o que Jung havia pressentido: "No inconsciente coletivo há duas dimensões, uma mais profunda, que é arquetípica, natural, trans-histórica, transcultural, transétnica e, outra, a do inconsciente cultural, que é histórica, cultural, étnica, ou seja, a "dimensão cultural do inconsciente" (HENDERSON, apud ARAÚJO, 2002). Nessa sua concepção, o inconsciente cultural situa-se entre o inconsciente pessoal e o inconsciente coletivo com linhas de fronteira bastante fluidas.

Outro conceito pós-Jung importante é o complexo cultural, conceito desenvolvido a partir da noção de complexo da teoria junguiana. Ele pode ser entendido como a manifestação de processos autônomos na psique coletiva e individual, porém organizados, dinamicamente, como complexos culturais. Os complexos pessoais e culturais, ambos, têm núcleos arquetípicos e expressam atitudes humanas típicas. Têm uma história, um padrão repetitivo, uma forte carga emocional e permanecem, em sua maior parte, inconscientes. Frequentemente, o complexo cultural emerge de um trauma histórico de certo povo e pode se manifestar tanto no indivíduo como no grupo.

Jung também amplia o conceito de memória individual para memória coletiva. Shamdasani, no seu livro *Jung e a construção da psicologia moderna*, diz o seguinte:

> [...] no modelo de Jung, a alma era uma formação histórica que continha em seu bojo sua própria história. As teorias da memória orgânica localizavam a história dentro do corpo. Jung traz uma nova abertura à teoria da memória quando passa a situar a história na alma.

> Embora ele tivesse revisado boa parte do conteúdo do livro *Transformações e sonhos da libido*, essa visão básica foi mantida e se constitui como dos seus eixos teóricos principais (SHAMDASANI, 2005: 240).

Por uma psicologia mestiça

A psicologia clínica, independentemente da teoria que lhe dê suporte, tem trabalhado com um modelo teórico e uma práxis que privilegia o subjetivo. Nas últimas décadas, entretanto, temos observado na psicologia analítica um olhar mais desfocado das questões subjetivas, o que vem favorecendo a percepção dos fenômenos psíquicos humanos para além da experiência meramente intrapsíquica. Essa visão mais ampla torna possível perceber, com mais clareza, o indivíduo como *um ser-no-mundo*. Com o deslocamento da realidade subjetiva, os contextos histórico, social e cultural passam a ter uma maior importância. Adquirimos, também, com esse deslocamento, mais consciência da patologia existente no mundo e uma visão mais clara dos sintomas do nosso tempo. Lembrando Plotino, a alma do mundo e a alma individual são feitas da mesma coisa. Difícil negar que, para compreendermos o indivíduo, precisamos conhecer o solo de onde provêm as suas raízes. Jung sintetiza essa posição quando afirma: "O mundo é uma realidade que transcende a pessoa e uma psicologia personalista nunca poderá fazer-lhe justiça" (JUNG. *OC* 16/1, 2012: 212).

A teoria junguiana, como toda teoria fértil, plural e dinâmica, comporta em seu bojo várias correntes ou linhas de pensamento que não chegam a ser divergentes em seus pontos essenciais, mas que marcam posições diferentes pela ênfase que dão a um aspecto mais do que a outro. A ênfase que daremos a este trabalho é a da dimensão cultural do inconsciente, a partir de elementos referentes ao estudo da alma brasileira em seus aspectos históricos, sociais, étnicos e culturais. Tais aspectos não só nos influenciam, mas são elementos constitutivos da nossa subjetividade e, como povo, da nossa identidade.

Diante da experiência que estamos vivendo, na Pós-modernidade, de fragmentação, dessacralização e esvaziamento de sentido, voltar-se para nossas raízes, nossos mitos, nossa memória ancestral tem um efeito reparador, curativo e criador de nossas possibilidades no tempo presente.

Os analistas Roberto Gambini e Walter Boechat são autores que têm contribuído com a pesquisa sobre a alma brasileira e o pensar psicológico da História. O livro de Gambini, *O espelho índio*, publicado em 1988 e reeditado em 2000, foi pioneiro, aqui no Brasil, e se constitui como referência importante, sendo sua leitura necessária para a compreensão dos processos de formação da alma brasileira. Nessa leitura, o autor propõe um entendimento com base histórica, sociológica, étnica e psicológica da complexa questão da formação do povo brasileiro. Mais recentemente, Walter Boechat, em suas publicações e seminários, tem trazido importantes contribuições para o tema e ampliado a discussão, problematizando o papel da psicologia analítica frente às questões atuais relativas à formação do nosso povo, como também às questões desafiadoras do mundo em que vivemos.

A teoria junguiana está enraizada em ideias milenares da nossa história, portanto, o conhecimento da história e da cultura da humanidade e, de forma especial, da história e da cultura do nosso país, são fundamentais para uma compreensão mais profunda dos processos psíquicos, individuais ou coletivos. Conhecer os conteúdos arquetípicos, míticos, simbólicos presentes nesse complexo tecido da alma brasileira é necessário e indispensável à formação de um analista ou psicoterapeuta junguiano, tanto quanto a apreensão das teorias psicológicas e dos diversos aspectos do trabalho clínico. Na verdade, percebe-se um grande desconhecimento da História geral e, principalmente, da História do Brasil, por parte dos profissionais. Desconhecendo a história do nosso povo e o contexto sociocultural no qual vive o indivíduo, teremos, na nossa clínica, um sujeito abstrato e descontextualizado historicamente.

Jung, no volume *A prática da psicoterapia* (*OC* 16/1, § 212), propõe que, ao recebermos um paciente, possamos nos perguntar: "De que mundo vem esta pessoa?" Ao propor a pergunta, ele quer nos lembrar que, para compreendermos nosso paciente, temos de conhecer e nos interessar pelo meio e pela cultura de onde ele vem, pois, como é sabido, a subjetividade de cada indivíduo é tecida por intermédio da cultura. O desconhecimento, em relação às questões sociais, históricas, étnicas, culturais, pode gerar uma subjetivação excessiva e indevida dos fatos sociais ou um equívoco de compreensão por parte do analista que, no decorrer do processo com o seu paciente, pode, muitas vezes, considerar que os sintomas apresentados estão relacionados a um trauma ou a um complexo pessoal, quando, na verdade, o que há por trás é um grande trauma coletivo. Um complexo cultural, não compreendido e não trabalhado, perpetuará uma ferida na alma. Tomo como exemplo o complexo cultural do racismo, sobre o qual voltaremos a falar, mais adiante, no texto.

Como analistas, temos de enfrentar esses desafios e desenvolver uma escuta sensível capaz de perceber, simultaneamente, as imagens que vêm das várias dimensões da alma – coletiva e individual, entendendo que é da possibilidade de encontro dessas duas realidades, em cada um de nós, que acontecerá uma transformação. Consideramos essa área, em que os aspectos coletivos e pessoais se tensionam, como a área de intersecção, a *área intermediária*, que tanto interesse despertou em Jung. Lá, opostos se encontram, interações e transformações acontecem, tanto na realidade sociocultural quanto no indivíduo, posto que um influencia o outro e ambos podem se transformar.

Em psicoterapia, qualquer modelo clínico que desconheça os aspectos culturais aos quais estão ligados a vida do paciente poderá produzir distorções como: patologização da história de vida e dos sintomas trazidos e dificuldades na construção do vínculo terapêutico, dentre outros. A consequência dessa postura pode favorecer o agravamento da ferida psíquica do paciente, levando-o, possivelmente, a abandonar o processo de acompanhamento psicoterápico. Temos de ter uma redobrada atenção, na formação dos psicoterapeutas, para que não permaneçam na sua sombra conteúdos relacionados a discriminação e preconceitos.

Outra situação difícil ocorre quando um complexo cultural constela-se na relação terapêutica. Sabemos que isso pode acontecer sem que tenhamos consciência, e, como uma das características do complexo é o seu caráter autônomo, ele atuará de forma sombria e sabotará toda e qualquer possibilidade de vínculo, de processo e de transformação, tanto no analista como no analisando. Se houver, por parte do analista, por exemplo, um preconceito religioso ou racial em relação a algum grupo ao qual pertença o paciente, a escuta clínica e a relação transferencial já estarão comprometidas, a menos que o terapeuta reconheça a dificuldade e vá buscar a ajuda de um colega para análise e supervisão.

Num país multicultural e num mundo cada vez mais intolerante às diferenças, é necessário integrar a multiculturalidade em cada um de nós, em nosso trabalho e em nossa vida e colocar-nos disponíveis para difundir o conhecimento psicológico com o objetivo de trabalhar as questões étnico-raciais. Precisamos identificar as feridas psíquicas produzidas por preconceito e discriminação e avançarmos para uma "psicologia brasileira e mestiça", cujos profissionais conheçam, profundamente, a História do Brasil, não somente a oficial ensinada nas escolas, mas aquela que é fruto de pesquisas e reflexões honestas e comprometidas com o desvelamento dos processos históricos nas suas mais diversas facetas, inclusive a psicológica. É também importante conhecer a riqueza de símbolos, mitos e ritos indígenas, afro-brasileiros e portugueses presentes em nossa cultura. Precisamos nos colocar como vasos alquímicos para que as misturas étnicas e culturais reajam entre si, se transformem e sejam integradas e encarnadas nas nossas vidas, como brasileiros e, mais que isso, como psicoterapeutas brasileiros. O *coração* ou a alma de um psicoterapeuta mestiço, este, sim, é plural, é multicultural, e se reconhece em cada diferença que o Outro lhe revela.

As relações étnico-raciais têm sido tratadas predominantemente no Brasil como um tema da História (nos estudos sobre a escravidão e a reorganização do país após a Abolição), da Sociologia (nas pesquisas sobre as raízes e atual configuração da sociedade brasileira), da Economia (em análises sobre perfil de renda, participação no mercado de trabalho etc.) ou do Direito (nas interpretações da Constituição e do Código Civil). Mas, apesar da evidente repercussão psicológica das questões de raça, desigualdade racial, preconceito e discriminação, o assunto foi menos investigado no âmbito da Psicologia (ARANTES, 2016).

Por que será que a visão psicológica é negligenciada quando se trata de explicar a cultura e, mais especificamente, as relações étnico-raciais? Deixo a pergunta como uma provocação...

Profissionais que somos da área *psi* (psiquiatras, psicólogos, psicoterapeutas), precisamos ocupar esse lugar de reflexão e discussão sobre o tema. Penso que temos algo a dizer e podemos contribuir. O conhecimento psicológico é um instrumento importante para trabalhar as questões irracionais que perpassam todo tipo de preconceito e discriminação. O momento atual pede um compromisso social do psicoterapeuta com a sua prática e Jung nos convoca para isso:

> O terapeuta não pode prescindir de uma discussão com o seu tempo. A situação de uma época como a nossa, conturbada em alto grau pelas paixões políticas e pela derrocada dos fundamentos de sua cosmovisão, afeta de tal maneira o processo psíquico do indivíduo que o psicoterapeuta não pode deixar de dedicar uma atenção especial aos efeitos que provoca na psique individual (JUNG. *OC* 10/2, 2012).

Por outro lado, diante da complexidade da psique, a ajuda de outras disciplinas também se faz necessária. No prefácio de *Aspectos do drama contemporâneo* (*OC* 10/2), Jung já nos adverte: "Por razões práticas, a psicoterapia deve se ocupar da totalidade da psique. Nesse sentido, ela precisa discutir e considerar todos os fatores que influenciam a vida psíquica, sejam de ordem biológica, social ou espiritual" (JUNG. *OC* 10/2, 2012).

Um olhar para a nossa ancestralidade indígena

Como foi dito anteriormente, precisamos conhecer nossas raízes, nossa identidade, nossa história, nossos mitos e tudo o mais que nos formou a partir do encontro de três culturas radicalmente diferentes: a indígena, a europeia e a africana. Darcy Ribeiro, no seu livro *O povo brasileiro*, afirma:

> Surgimos da confluência, do entrechoque e do caldeamento do invasor português com índios e negros africanos, uns e outros aliciados como escravos. Nessa confluência, que se dá sob a regência dos portugueses, matrizes raciais díspares, tradições culturais distintas, formações sociais defasadas se enfrentam e se fundem para dar lugar a um povo novo. Novo porque surge como uma etnia nacional, diferenciada culturalmente de suas matrizes formadoras, fortemente mestiçada, dinamizada por uma cultura sincrética e singularizada pela redefinição de traços culturais delas oriundos. [...]
>
> Nós, brasileiros, nesse quadro, *somos um povo em ser, impedido de sê-lo*. Um povo mestiço na carne e no espírito, já que aqui a mestiçagem jamais foi crime ou pecado. Nela fomos feitos e ainda continuamos nos fazendo. Essa massa de nativos oriundos da mestiçagem viveu por séculos sem consciência de si, afundada na *ninguendade*. Assim foi até se definir como um nova identidade étnico-nacional: a de brasileiros. *Um povo, até hoje, em ser, na dura busca de seu destino* (RIBEIRO, 1970).

Recuando ao passado, sabemos que a presença dos índios em terras brasileiras remonta a milhares de anos atrás. Não há consenso entre os pesquisadores sobre a época de ocupação. Uns falam em 40 mil anos, na Serra da Capivara; outros falam em 12 mil anos, em outra localidade. O Brasil e todo o continente americano era habitado por povos que tinham uma grande riqueza cultural. Em torno de 1500, na Era dos Descobrimentos, Portugal desembarca ou, para ser mais precisa, Portugal invade e se estabelece como dono da Terra Brasil, trazendo a cultura europeia e um projeto colonial agressivo, tanto no que diz respeito ao tratamento dado aos habitantes que aqui se encontravam quanto à forma como se apossaram das terras e das riquezas naturais. Ao chegarem no novo continente, os colonizadores encontram os povos indígenas já detentores de organização social, arte, sistema de crenças, práticas agrícolas, lazer, conhecimentos astronômicos, mitos, ritos e mais de 500 línguas. O grande drama da nossa origem é que os portugueses consideraram os indígenas como seres inferiores e, por esse motivo, não possuidores de alma. A sua cultura foi negada por um olhar estrangeiro que impunha um projeto de colonização e que não hesitou em praticar um verdadeiro genocídio. Quando os portugueses aqui chegaram, havia cerca de cinco milhões de índios pertencentes a distintas etnias e uma enorme diversidade cultural. Estima-se que, nos cem primeiros anos de colonização, 70% da população indígena foi exterminada. Hoje, segundo dados do IBGE, censo de 2010, somam cerca de 897 mil pessoas e, de acordo com esse mesmo censo, são 357 etnias e 274 línguas distintas.

A nossa história, como vimos, começa com um grande holocausto que, em certa medida, permanece até hoje e com a negação do que há de mais sagrado: a alma ancestral. Ela é a matriz das nossas origens, território sagrado onde o homem, anterior ao descobrimento, comungava com a natureza, sua irmã, parte sua também. O que tínhamos de mais valioso na cultura nativa foi negado e violentado. Carregamos essa marca, esse trauma, esse complexo cultural que decorre dos processos de colonização e escravidão. Tais processos produziram feridas e mutilações na alma brasileira até hoje sentidas. Equivocadamente, passamos a narrar a nossa história a partir do descobrimento, e ter o descobrimento como mito tem sido uma verdadeira tragédia para a formação da consciência do povo brasileiro, pois implica a negação da nossa ancestralidade, das raízes indígenas que nos constituem. Ter ficado sem um verdadeiro mito de origem resulta num processo que compromete a construção de uma identidade como povo brasileiro, pois, como sabemos, o mito de origem é uma das bases nas quais se estrutura a identidade de um povo. Questões relativas à nossa origem, e outras, contribuíram para que o processo de construção identitária de nós, brasileiros, ainda seja *uma pedra no sapato*.

Refletindo sobre a formação do povo brasileiro, Darcy Ribeiro nos dá algumas pistas para pensarmos essa questão. O início da nossa constituição como povo brasileiro se dá com a união do português com a índia. A esta união Darcy denomina "protocélula" original de nosso povo e, Gambini, de o par arquetípico e de os pais do povo brasileiro. A Grande Mãe do Brasil seria, então, a mulher índia. Anos depois do acasalamento entre o colonizador e a índia, agrega-se a essa protocélula outro componente, o africano e, a partir daí, séculos de miscigenação formam os mulatos (portugueses e negros) e os cafuzos (negros e índios). "Essa mãe índia ignorada e desonrada é o ventre que gerou o povo brasileiro" (GAMBINI, 2000). Os brasileirinhos que aqui nasceram encontraram-se numa terra de ninguém, do ponto de vista étnico. Eles não eram índios, nem europeus, nem africanos e, a partir dessa carência essencial, segundo Darcy Ribeiro, tiveram como grande desafio criar a sua própria identidade étnica, a brasileira, que era distinta das matrizes que lhes deram origem e cujo traço principal era o de ser uma sociedade mestiça e sincrética.

A ancestralidade indígena foi, desde o início, negada e quase amputada da alma brasileira. O sentimento nosso para com os índios é do mais absoluto estranhamento e, até hoje, eles são tratados como uma população à parte do resto da nação, como estranhos na sua própria terra. A cultura indígena não é reconhecida nem valorizada, apesar do saber profundo e complexo que a constitui. Temos para com ela o mesmo olhar e a mesma postura do conquistador de há 500 anos; pouco conhecemos da sua história, dos seus mitos, ritos e símbolos. Desconhecemos também os seus direitos como povos originários, o seu sofrimento e as suas lutas.

O art. 231 de nossa Constituição diz o seguinte:

> São reconhecidos aos índios sua organização social, seus costumes, línguas, crenças e tradições, e os direitos originários sobre as terras que tradicionalmente ocupam, competindo à União demarcá-las, proteger e fazer respeitar todos os seus bens (BRASIL, 1988).

Ao contrário do que está escrito na Constituição, a demarcação não se efetivou na maioria dos territórios indígenas, e muitos conflitos e violências, de toda ordem, são vividos pelo índio em função dessa realidade. O conflito de base é que, enquanto para a visão capitalista do agronegócio a terra é tratada como propriedade, como mercadoria lucrativa, para os índios a terra, além de ser uma fonte de subsistência, é uma entidade viva, é a Mãe Terra, é sagrada, e a religiosidade indígena está profundamente a ela vinculada.

> A maior contribuição que os povos da floresta podem deixar ao homem branco é a prática de ser uno com a natureza interna de si. A tradição do Sol, da Lua e da Grande Mãe ensinam que tudo se desdobra de uma fonte única, formando uma trama sagrada de relações e inter-relações, de modo que tudo se conecta a tudo. O pulsar de uma estrela na noite é o mesmo do coração. Homens, árvores, serras, rios e mares são um corpo, com ações interdependentes. Esse conceito só pode ser compreendido através do coração, ou seja, a partir da natureza interna de cada um. Quando os humanos das cidades petrificadas largarem as armas do intelecto, essa contribuição será compreendida (WERÁ, 2017).

Pelo visto, os homens dos corações e das cidades petrificadas nada entenderam. Os índios continuam sendo sacrificados, continuam perdendo suas terras e sua cultura. As tradições indígenas são parte da nossa alma e precisam ser olhadas de uma forma nova, com um olhar inteligente, sensível e fraterno.

Numa entrevista ao jornal *O Globo*, o importante antropólogo Eduardo Viveiros de Castro fala, de forma contundente, a respeito da situação atual dos índios brasileiros e da grande ameaça de destruição que paira sobre eles:

> No Brasil, hoje o que se vê é uma ofensiva feroz para acabar com os nativos, para varrer suas formas de vida (e, portanto, de pensamento) da face do território nacional. O que se pretende hoje – o que sempre se pre-

> tendeu, mas hoje os métodos são ao mesmo tempo cada vez mais sutis e eficazes, sem deixarem de ser brutais como sempre o foram – é silenciar os índios, desindianizar todo pensamento nativo [...] é transformá-los em pobre, isto é, em "bom brasileiro", mal-assistencializado, mal-alfabetizado, convertido ao cristianismo evangélico por um exército de missionários fanáticos, transformado em consumidor dócil do estoque infinito de porcarias produzidas pela economia mundial. Em suma: fazer do índio (os que não tiverem sido exterminados antes) um "cidadão". Cidadão pobre, é claro... Para fazê-lo passar de índio a pobre, é preciso primeiro tirar dele o que ele tem – suas terras, seu modo de vida, os fundamentos ecológicos e morais de sua economia, sua autonomia política interna –, para obrigá-lo a desejar consumir o que ele não tem – o que é produzido na terra dos outros (no país do agronegócio, por exemplo, ou nas fábricas chinesas) (VIVEIROS DE CASTRO, 2016).

A matriz africana

> *A escrita é uma coisa, e o saber, é outra. A escrita é a fotografia do saber, mas não é o saber em si. O saber é o saber que existe no homem. A herança de tudo aquilo que nossos ancestrais vieram a conhecer e que se encontra latente em tudo o que nos transmitiram, assim como o baobá existe em potencial em sua semente* (BOKAR, apud MACHADO, 2017).

A cultura africana remonta a tempos imemoriais, marca o começo da raça humana; entretanto, da mesma forma como acontece com a cultura indígena, é um escândalo a ignorância que existe em relação a ela. A África é um grande continente com muitas etnias e culturas diversas, não sendo possível explicá-la numa visão simplista a partir de um conceito de unidade que, equivocadamente, acredita-se existir. Sua história e cultura são de imensa riqueza, embora ainda bastante negadas e desconhecidas por nós ocidentais e, de forma especial, por nós brasileiros que temos, no nosso país, segundo dados recentes do IBGE (2017), 54% da população formada por pretos e pardos, ou seja, por afrodescendentes.

Do séculos XVI ao XIX, mais de cinco milhões de africanos, de várias etnias, foram arrancados das suas terras, das suas raízes ancestrais, e trazidos para o Brasil nos navios negreiros para o trabalho escravo. Acontecia *a diáspora africana*, que é um fenômeno histórico e social, caracterizado pela migração compulsória. Não obstante no Brasil ainda haja uma grande dificuldade em aceitar a cultura que se formou com a chegada dos africanos, é impossível deixar de reconhecê-la viva e presente, com olhos livres de preconceito.

Como dissemos, aqui no Brasil desembarcaram mulheres e homens negros, de várias etnias, para serem escravizados e, ao chegarem, logo eram estrategicamente separados do seu grupo de origem, perdendo assim o contato com familiares e com pessoas da mesma nação, além de não mais poderem compartilhar o seu patrimônio religioso, simbólico e cultural com o seu povo. Essa separação atendia a uma estratégia de esfacelamento, desestruturação e fragmentação desses grupos de indivíduos ligados por fortes vínculos. Do ponto de vista psicológico, essa experiência, cruel e violenta, produziu um grande trauma psíquico, um complexo cultural, tanto individual quanto coletivo, que até hoje se faz presente na nossa psique. Aos poucos, esses africanos que falavam línguas diferentes e tinham culturas diversas se aproximaram, conseguiram se comunicar e burlar algumas regras impostas pelos colonizadores. Estabeleceu-se assim uma relação de cumplicidade para garantir a sobrevivência física e cultural. Embora perseguidos, os negros das diferentes nações escravizadas conseguiram, ao máximo, preservar os cultos aos seus muitos deuses, mantendo as inúmeras práticas rituais que, convivendo, se influenciaram mutuamente, vindo a produzir o que hoje conhecemos como a religião afro-brasileira típica, como a praticada no candomblé.

Uma das principais estratégias dos colonizadores era remover e anular as tradições que fundamentavam e preservavam a ligação com a alma ancestral. Cito um exemplo: todos os negros que aqui chegaram passaram pela violência de serem impedidos de usar o seu próprio nome de origem, nome ancestral, e por meio de um batismo compulsório ganhavam um novo nome cristão e, doravante, só este poderia ser usado. Até os dias de hoje, na tradição africana, uma criança quando nasce fica recolhida, junto com sua mãe, por alguns dias antes de ser apresentada à comunidade. Depois desse período, há um ritual muito importante chamado *ikomojadê*, realizado para que a criança ganhe um nome dentro da sua tradição e seja apresentada à comunidade já com seu nome ancestral. Este nome, elo de tradições, é portador de informações sobre ancestralidade, destino e condições de nascimento da criança. Perder o nome, como pode-se constatar, é sofrer um dos mais brutais cortes com as suas origens, tradições e com a sua identidade.

Reafirmando o que foi dito antes por Eduardo Viveiros de Castro, matar a cultura é uma estratégia eficaz para a dominação. Aconteceu e acontece com os negros, aconteceu e acontece com os índios e, por que não admitir que, em menor escala, todos nós brasileiros, brancos, negros, mestiços e índios corremos o mesmo perigo com o processo de globalização em curso e com a escalada da intolerância às diferenças.

O candomblé, uma religião brasileira

Não se sabe ao certo quantas religiões africanas chegaram ao Brasil. O que se se tem notícia é que mesmo com a situação de escravatura, com as proibições impostas pelos colonizadores e convivendo, obrigatoriamente, com o catolicismo, elas se transformaram e renasceram com a sua essência preservada. Temos aqui um belo exemplo de como é possível compreender a História através dos arquétipos e suas expressões. Do mesmo rizoma brotam novas flores, como nos lembra Jung. Se antes tínhamos religiões africanas, hoje podemos dizer que temos uma religião afro-brasileira – o candomblé. A base dessa religião é o culto aos orixás, que são forças da Natureza, e também o culto aos ancestrais.

A organização social africana tinha como base nações, clãs e famílias e a vida religiosa estava integrada nesse cenário. Como já dissemos, na diáspora tudo isso se rompe e se fragmenta. Entretanto, com os africanos alforriados e, depois, com a abolição da escravatura, a prática religiosa ressurge, com bastante vitalidade, mesmo enfrentando os mais duros embates. Ela se torna um ponto de aglutinação, de integração, de resgate e de fraternidade para todos que ali se reuniam. A organização em nações (Keto, Bantu, Jêje e outras) muito ajudou os africanos nesse processo de reestruturação e resgate da sua cultura. Com relação às famílias biológicas, a possibilidade de reconstrução das suas linhagens já estava perdida. Entretanto, surge em seu lugar a família espiritual, a qual cumpre um papel estruturante e funciona como uma grande e acolhedora família que passa a cumprir vários papéis. O parentesco espiritual é sagrado e tem uma grande importância na vida de todos da comunidade. Essa relação se fortalece ainda mais na medida em que os seus membros passam pelos ritos religiosos de iniciação. Essa família espiritual, nos terreiros da Bahia, é chamada *família de Santo*.

Na dimensão de comunidade estruturada, o candomblé ultrapassa o campo especificamente religioso para engendrar, em seus participantes, profundo sentimento de apropriação da herança africana como paradigma da noção de identidade (BRAGA, 2006: 26).

Racismo, preconceito e discriminação

Nós aprendemos através de uma luta muito dura que o racismo não morre de forma voluntária. Tem de ser combatido firmemente (Nelson Mandela, 1991, apud TAVARES, 2009).

O racismo é uma produção ideológica, psicológica, social e não biológica que pode se manifestar em qualquer sociedade. O racismo no Brasil, infelizmente, ainda é fato. A tão propalada *democracia racial*, para uns, ainda não passa de um desejo a ser concretizado e, para outros, uma mentira sustentada e encoberta por muitos véus que fazem com que esse preconceito se manifeste de formas sutis ou, ao contrário, de maneira totalmente direta, cruel, humilhante e devastadora.

Até quando a sociedade brasileira, com sua visão etnocêntrica, negará o negro e o índio?

> O Brasil é um país extraordinariamente africanizado. E só a quem não conhece a África pode escapar o quanto há de africano nos gestos, nas maneiras de ser e viver e no sentimento estético do brasileiro. Por sua vez, em toda a outra costa atlântica se podem facilmente reconhecer os brasileirismos. Há comidas brasileiras na África, como há comidas africanas no Brasil. Danças, tradições, técnicas de trabalho, instrumentos de música, palavras e comportamentos sociais brasileiros insinuaram-se no dia a dia africano. [...] Com ou sem remorso, a escravidão foi o processo mais importante de nossa história. [...] O escravo ficou dentro de todos nós, qualquer que seja a nossa origem (COSTA E SILVA, 2003, apud SANTOS, 2008).

Portanto, os evidentes sinais da presença da cultura afro-brasileira em nossa vida evidenciam-se de múltiplas formas, materiais e simbólicas: na língua, na dança, na comida, na religiosidade e em tantas outras manifestações já incorporadas no nosso comportamento e cotidiano. Como população brasileira, somos de maioria mestiça e negra e tal situação tende a crescer em razão de um fenômeno recente – o do reconhecimento e declaração da população negra, parda (mestiça) da sua própria cor. Esse crescimento do número dos que se declaram “pretos e pardos” deve-se a um aumento de consciência desse grupo e das políticas de autoafirmação.

Como já vimos, Jung nos mostra, a partir do seu pensamento, que temos um alto grau de coletividade psicológica e que a psique humana é parte da psique coletiva. Brotamos de um mesmo solo psíquico e por isso o preconceito, a discriminação de qualquer tipo, é uma agressão brutal à nossa essência.

O racismo brasileiro que atingiu as populações indígenas, africanas e afro-brasileiras, foi constituído a partir da chegada dos colonizadores e, durante toda a vigência do período colonial, alastrou-se, desde aí, tal como uma metástase, por todo o país, até os dias atuais.

Os efeitos psíquicos do racismo no ser humano e nas suas relações são muito extensos, danosos e produzem marcas psíquicas oriundas da dor de ser excluído, inferiorizado, rejeitado, desrespeitado nos seus direitos. Segundo Valter da Mata, integrante da Comissão de Direitos Humanos do Conselho Federal de Psicologia (CFP), "[...] as principais repercussões psíquicas resultantes da violência racial observadas na clínica de pacientes negros(as) acontecem nas dimensões subjetivas da identidade e da autoestima. Não possuindo referenciais identitários valorizados na nossa sociedade, a tendência será identificar-se com a sua 'inferioridade natural' ou reivindicar para si um ideal de ego branco" (MATA, 2015).

Precisamos afirmar de forma enfática que o racismo é responsável e promotor de grande sofrimento psíquico para toda a população de afrodescendentes. Os profissionais que trabalham na área clínica devem estar bem atentos a esse fato.

A negação do racismo e a impossibilidade de confrontá-lo, mantendo-o na sombra, só dificultam o seu combate e a sua transformação. Para melhor entender a dinâmica psicológica do racismo e trabalhar essa questão, tanto individualmente quanto em grupo, os conceitos de sombra e projeção da psicologia analítica são fundamentais. Outra questão importante, quer seja na clínica ou em qualquer outra situação, é acolher aquele que é discriminado pelo preconceito, dando legitimidade ao seu sofrimento.

Não devemos nos esquecer de que o preconceito é insidioso e que todos fomos educados e condicionados a pensar de acordo com as estruturas coloniais e racistas. Portanto, o trabalho interno que cada indivíduo consciente deve fazer de forma contínua e ininterrupta é desconstruir o seu próprio racismo.

Temos convivido com uma história de privilégios, colonialismo, discriminação, exclusão, como se essas situações fossem normais. No mundo atual, o racismo e a intolerância à diferença mostram-se cada vez mais frequentes e mais cruéis. O que está acontecendo com o nosso tempo? O que está acontecendo conosco?

É decisivo e inadiável que possamos tomar consciência de que temos um *bárbaro* dentro de nós. O que vem a ser esse paradoxo, esse par de opostos, civilização e barbárie? Barbárie civilizatória? Progresso e civilização não se equivalem; portanto, o progresso pode não ser civilizatório. O progresso pode ser bárbaro. E é o que constatamos em nível mundial. Então, quem é o bárbaro atual? Em tempos passados, bárbaro era o não civilizado, mas tal teoria não mais se sustenta. Na realidade atual, podemos afirmar que "bárbaro é aquele que exclui o outro e civilizado é aquele que aceita o outro na sua diferença e autenticidade" (WOLF, 2004). Por que nos tornamos bárbaros, apesar de civilizados?

Dentre outras questões, nos tornamos bárbaros porque nos desumanizamos, porque produzimos um esvaziamento da nossa subjetividade, porque nos afastamos das nossas tradições, porque nos desenraizamos das nossas origens, porque dessacralizamos o mundo em que vivemos, porque fomos engolidos por uma lógica capitalista perversa, porque falta-nos amor ao próximo, este simples e, ao mesmo tempo, sofisticado elemento civilizador.

Quais as saídas para a barbárie da nossa civilização contemporânea? Penso que uma delas seria nos abrirmos ao mistério do outro e trilhar "os caminhos de volta às nossas raízes e ancestralidade".

Referências

AMNÉRIS, M. *Figuras da imaginação*: buscando compreender a psique. São Paulo: Summus, 2001.

______. *Jung*: o poeta da alma. São Paulo: Summus, 1998.

ARANTES, J.T. "As relações étnico-raciais sob o crivo da psicologia". *Agência Fapesp*, 2016 [Disponível em: http://agencia.fapesp.br/as_relacoes_etnicoraciais_sob_o_crivo_da_psicologia/23466/ – Acesso em mar./2018].

ARAÚJO, F.C. "Da cultura ao inconsciente cultural: psicologia e diversidade étnica no Brasil contemporâneo. *Psicol. Cienc. Prof.*, vol., 22, n. 4, 2012, p. 24-33. Brasília [Disponível em http://www.scielo.br/scielo.php?script=sci_arttext&pid=S1414-98932002000400004&lng=en&nrm=iso – Acesso em fev./2018].

BOECHAT, W. (org.). *A alma brasileira*: luzes e sombra. Rio de Janeiro: Vozes, 2014 [Coleção Reflexões Junguianas].

BRASIL. *Constituição*. Emenda Constitucional n. 91, de 18 de fevereiro de 2016. Art. 231, Título VIII – Da ordem social, Cap. VIII – Dos índios [Disponível em http://www.senado.leg.br/atividade/const/con1988/con1988_18.02.2016/art_231_.asp – Acesso em mar./2018].

BRAGA, J. *Candomblé*: tradição e mudança. Bahia: P555 Ed., 2006 [Coleção Etnobahia, vol. 2].

BURCKHARDT, J. *Reflexões sobre a história*. Rio de Janeiro: Zahar, 1961.

GAMBINI, R. *O espelho índio*: a formação da alma brasileira. São Paulo: Axis Mundi/Terceiro Nome, 2000.

INSTITUTO BRASILEIRO DE GEOGRAFIA E ESTATÍSTICA. *Censo brasileiro 2015*. Rio de Janeiro: IBGE, 2017.

______ *Censo brasileiro 2010* – Características gerais dos indígenas: resultados do universo. Rio de Janeiro: IBGE, 2012 [Disponível em https://censo2010.ibge.gov.br/noticias-censo?busca=1&id=3&idnoticia=2194&t=censo-2010-poblacao-indigena-896-9-mil-tem-305-etnias-fala-274&view=noticia – Acesso em fev./2018].

JUNG, C.G. *Seminários sobre psicologia analítica* (1925). Petrópolis: Vozes, 2014 [Ed. orig. William McGuire; ed. rev., intr. e notas adicionais Sonu Shamdasani; trad. Gentil Avelino Titton].

______. *OC* 1-18. Petrópolis: Vozes, 2012 [Ed. de Leon Bonaventure, Leonardo Boff, Mariana Ribeiro Ferreira da Silva & Jette Bonaventure].

______. *OC* 16/1: *A prática da psicoterapia*. 14. ed. Petrópolis: Vozes, 2012 [Trad. Maria Luiza Appy; rev. Dora Ferreira da Silva].

______. *OC* 10/2: *Aspectos do drama contemporâneo*. 5. ed. Petrópolis: Vozes, 2012 [Trad. Lucia M.E. Orth; rev. téc. Jette Bonaventure].

______. *OC* 9/1: *Os arquétipos e o inconsciente coletivo*. 8. ed. Petrópolis:Vozes, 2012 [Trad. Maria Luiza Appy e Dora Ferreira da Silva].

______. *OC* 5: *Símbolos de transformação* – Análise dos prelúdios de uma esquizofrenia. 8. ed. Petrópolis: Vozes, 2012 [Trad. Eva Stern; rev. téc. Jette Bonaventure].

______. *OC* 7/1: *Psicologia do inconsciente*. 20. ed. Petrópolis: Vozes, 2011 [Trad. Maria Luiza Appy].

______. *The Visions Seminars*. Zurique: Spring, 1976.

______. *Memórias, sonhos e reflexões*. Rio de Janeiro: Nova Fronteira, 1975 [Textos reunidos e editados por Aniela Jaffé; trad. Dora Ferreira da Silva].

______. *Cartas*. Vol. 1. Petrópolis: Vozes, 1999 [Trad. Edgar Orth].

MACHADO, V. *Prosa de Nagô*: educando pela cultura. 2. ed. Salvador: Edufba, 2017.

______. *Pele da cor da noite*. Salvador: Edufba, 2013.

MATA, V. da. "O racismo é, sim, promotor de sofrimento psíquico". *Conselho Federal de Psicologia* – Notícias, 28/09/2015.

RIBEIRO, D. *O povo brasileiro*. São Paulo: Companhia das Letras, 1970.

SANTOS, J.A. "Diáspora africana: paraíso perdido ou terra prometida". In: MACEDO JR. (org.). *Desvendando a história da África*. Porto Alegre: EdUFRGS, 2008, p. 181-194 [Série Diversidades] [Disponível em http://books.scielo.org/id/yf4cf/pdf/macedo-9788538603832-13.pdf – Acesso em mar./2018].

SHAMDASANI, S. *Jung e a construção da psicologia moderna*: o sonho de uma ciência. Aparecida: Ideias & Letras, 2005 [Org. Roberto Girola; trad. Maria Silvia Mourão Netto] [Col. Psi-atualidades, 6].

SINGER, T. & KIMBLES, S. *The Cultural Complex*: Contemporary Jungian Perspectives on Psycheand Society. Londres: Routledge, 2005.

TAVARES, I. *Nossos colonizadores africanos*: presença e tradição negra na Bahia. 2. ed. Salvador: Edufba, 2009.

VIEIRA, A.G. "A função da história e da cultura na obra de C.G. Jung". *Aletheia*, n. 23, 2006, p. 89-100. Canoas [Disponível em http://pepsic.bvsalud.org/scielo.php?script=sci_arttext&pid=S1413-03942006000200010&lng=pt&nrm=iso – Acesso em mar./2018].

VIVEIROS DE CASTRO, E. "O que se vê no Brasil hoje é uma ofensiva feroz contra os índios". *O Globo* (Guilherme Freitas entrevista Eduardo Viveiros de Castro – 22/08/2016) [Disponível em https://oglobo.globo.com/cultura/livros/eduardo-viveiros-de-castro-que-se-ve-no-brasil-hoje-uma-ofensiva-feroz-contra-os-indios-17261624#ixzz5BCIq3T00stest – Acesso em fev./2018].

WERÁ, K. *A terra dos mil povos*: história do Brasil contada por um índio. Tumiak Ed., 2017.

WOLF, F. "Civilização e barbárie". In: NOVAES, A. (org.). *Civilização e barbárie*. São Paulo: Companhia das Letras, 2004.

3 O tecido multicultural brasileiro

*José Jorge de Morais Zacharias**

Podemos dizer que tudo o que existe, seja material ou não, tem alma.

O mundo físico a tem, o biológico a tem, as ideias e sonhos também. E de que essa alma é constituída? Uma entidade mística ou um retorno ao animismo tido como uma forma de pensamento primitivo, que hoje está sendo revista como algo não tão primitivo assim, ainda mais quando se pensa em ecologia?

Talvez nada tão misterioso ou etéreo; acredito que a alma das coisas é composta por duas vertentes, a essência daquilo que é e sua história. Por essência do que se é penso nas características próprias do objeto a que aludimos, seja em termos de estrutura molecular, celular, orgânica ou lógica, quando nos referimos às estruturas de um conceito. Em complemento, a História, ou seja, o conjunto de experiências passadas – seja do ponto de vista cosmológico, evolucionista, nas espécies vi-

---

* Psicólogo, mestre e doutor em psicologia social pela USP, é analista junguiano pela AJB/Iaap; é o atual presidente da AJB (2017-2019); autor do teste de tipos Quati e de diversos livros sobre psicologia e religião, tipologia junguiana e religiosidade de matriz africana; docente universitário.

vas, culturais ou sociais –, reagrupa elementos, transformando-os, desagregando-os e reagrupando-os de maneiras diferentes e, ao mesmo tempo, ordenadas pela essência intrínseca de cada coisa.

Por esse caminho é possível pensar em muitas coisas de nosso campo de fenômenos, mas gostaria de focar mais especificamente na alma dos povos, uma vez que nossa atenção se volta nesse contexto para a alma brasileira.

Todos os povos têm sua alma, composta de uma essência que, na estrutura mais simples, é humana; afinal, os povos são constituídos de pessoas, e na História, assim como cada indivíduo, o grupo tem seu trajeto pelo tempo. Desse modo, um agrupamento humano desenvolve sua cultura, tradições, arte, religiosidade, conhecimento e filosofia na interação dessa essência humana com a história do grupo, região geográfica, eventos naturais e sociais.

Falando de outro modo, e criando um paralelo entre micro e macrossistemas, uma única pessoa vivencia o mesmo processo que podemos observar no grupo maior e nos povos. Cada um de nós traz em si uma essência biológica e psíquica, uma humanidade estrutural inata que expressa a história evolutiva da espécie e seu potencial de expressão em imagens e símbolos. Com o início da história pessoal, que pode ser localizada bem antes do nascimento desse indivíduo, caso levemos em conta o substrato cultural em que se é gerado, tem início a relação com o tempo por meio das experiências vividas.

A dialética entre essência e história provoca uma dança de criação em torno da fogueira arquetípica, o eixo central, lembrando as danças circulares de vários povos tribais; nessa cerimônia celebravam o indivíduo no grupo e o grupo no indivíduo, a essência e a história criando e alimentando a alma.

Não devemos pensar que essa alma seja única e igual para todos, e nem diferente e diversificada demais. Ela é ambas as coisas ao mesmo tempo; em alguns momentos somos tão iguais e, em outros, tão diferentes! Tal observação é valida tanto entre pessoas quanto entre povos.

Desde os primórdios da espécie humana fomos nômades, mesmo tendo nossos antepassados se fixado na terra; ainda hoje temos o ímpeto de viajar, de ver outros lugares, de caminhar pelo mundo. Digamos que a natureza humana é composta primordialmente pela dicotomia, um sutil equilíbrio entre opostos.

Esse caminhar, mesmo depois da fixação territorial, conduziu a trocas constantes de experiências entre os grupos, e as histórias foram se construindo junto com as trocas. Obviamente, nem sempre tais encontros foram amigáveis; muitas vezes se expressaram em dominação de um povo por outro. O mesmo ocorre em nossa vida pessoal, em paralelo, em menor escala.

Desde a Antiguidade mais distante, povos se encontraram, lutaram, cooperaram, se subjugaram, se amalgamaram.

O ponto importante para esta reflexão é o amálgama de culturas e povos que ocorreu ao longo do tempo. Apesar da história de cada agrupamento, influenciada pelas características geográficas de origem diferentes, aspectos da humanidade fundamental comungavam. O desenvolvimento de cosmogonias, de mitos, deuses e heróis, da manipulação estética dos elementos naturais criando arte, música e dança, ritos e cultos aos ancestrais, tudo são estruturais da psique humana e dos povos, ou seja, a essência.

Imagine um grande tapete com fios de lã coloridos, trançados no tear da terra, entrelaçados pela navete da existência.

A partir desses princípios, não faz qualquer sentido o conceito de raça pura. Qual o seria então, uma vez que o que chamamos de povos originários já estavam imersos nas experiências de entrelaçamento histórico? Todos os povos e tradições que se encontraram trocaram elementos que traziam consigo: arte, religiosidade, mitos, símbolos, técnicas etc.

Por exemplo, o antigo povo hebreu trouxe de Abraão muito da cultura suméria, bem como agregou elementos egípcios a partir de Moisés. O judaísmo à época de Jesus já havia incorporado elementos da filosofia grega e o próprio cristianismo incorporou elementos greco-romanos, como o islã incorporou elementos judaicos e cristãos. Assim também gregos e romanos foram influenciados por egípcios, hebreus e outros povos.

Uma constatação simples é a similaridade entre sistemas míticos e cosmológicos entre todos esses povos, pois os mitos básicos fazem parte da psique coletiva, enquanto a roupagem e a configuração desses mitos dependem da história e da cultura de cada povo.

O europeu nada mais é do que uma teia de influências de vários outros povos, de todos os que habitavam a Europa antes da dominação romana; os próprios romanos são uma construção de povos anteriores. Assim também os africanos que, aliás, constituem um continente, mas sem perceber tendemos a tratá-lo como um país único, generalizando num mesmo contexto a diversidade cultural, religiosa e de língua. Da mesma maneira generalizamos nossos povos indígenas, mas na verdade são nações com diferentes idiomas, mitos, tradições e culturas.

No senso comum, entendemos que a Europa se divide em países, mas a África é uma coisa só. Da mesma maneira, norte-americanos conhecem países europeus, mas a América do Sul é uma coisa só, e todos falamos espanhol! Esta é uma questão do valor aprendido e atribuído aos diversos povos.

Quando se refere à constituição da alma brasileira a partir de três povos originários – o indígena da terra, o europeu colonizador e o negro escravizado –, temos mais complicadores, pois na verdade esses povos não eram puros em suas origens; constituíam-se como um conjunto histórico de encontros e desencontros de outros povos, uma mistura como aqui entre nós se daria mais uma vez.

Esse hibridismo cultural dos povos, tradições, mitos e religiosidades vêm ocorrendo há muito tempo e, por conta do assim chamado descobrimento do Brasil pela esquadra de Cabral, uma nova possibilidade surgiu com o encontro de povos antes separados pelo Atlântico. Isto posto em referência aos povos indígenas de Pindorama, pois a África sempre fora mais próxima de Portugal, o qual mantinha com seus povos comércio colonizador de coisas e pessoas.

Nossa terra até então incógnita fornece, a partir do século XVI, o fogão à lenha e o caldeirão de ferro para uma grande experiência de hibridismo cultural entre povos diferentes: os povos indígenas, com ampla diversidade cultural e mítica, sua história de guerras e cooperações no vasto território de Pindorama; os europeus, principalmente portugueses, com sua história que remonta aos mouros, aos celtas, aos romanos e gregos; e os africanos, principalmente bantos, nagôs, yorubás que, semelhante aos povos indígenas, eram tribos diferentes com culturas, mitos e religiosidades diferentes, mas também fruto de sua história no continente africano. Três almas básicas, compostas de essências e histórias, raças que não eram puras, já no século XVI compostas por um amálgama de várias culturas.

Nesta cozinha de hibridismos, construímos um prato básico, forte, saboroso. Alegoricamente, prepararemos primeiro a mandioca, ou aipim, raiz da terra, conhecida pelos habitantes de Pindorama, a qual remete a seu mito. Duas lendas principais narram a história de uma menina indígena que foi enterrada. Em uma delas, a menina Atiôlô era rejeitada pelo pai e pediu à mãe que a enterrasse para, assim, ser útil para todos. A mãe assim o fez e seu corpo se transformou na mandioca (CÂMARA CASCUDO, 1988). Em outra lenda, uma menina muito branca de pele e bem falante, chamada Mani, morreu com um ano e meio de vida, e na sua sepultura nasceu a raiz a partir de seu corpo. Vem daí o nome da planta, Mani-oca, casa de Mani (VAN DER POEL, 2013).

Em seguida, por falta de um elemento mais elucidativo, vamos acrescentar arroz branco, em alusão ao europeu, principalmente o português que, em sua esquadra, trouxe os jesuítas e o cristianismo para Pindorama, rebatizando a terra de Ilha de Vera Cruz, depois Terra de Santa Cruz antes de Brasil. Já de início os missionários jesuítas trataram de evangelizar os índios, apresentando a doutrina cristã em que o Filho de Deus, o Cristo, morre para dar vida a toda a humanidade, sendo enterrado e depois ressurreto.

O último ingrediente dessa primeira etapa de construção do prato básico de nosso hibridismo cultural é o feijão preto, em alusão ao africano – igualmente a nossos povos indígenas, que são uma coleção de nações, línguas, culturas e mitos. Dos diversos mitos dos orixás que chegaram nos navios negreiros, um dos mais interessantes para nosso tempero é um dos vários atribuídos à Oxalá, o orixá criador das pessoas com o manuseio do barro. Conta-se que ele foi visitar seu filho Xangô em seu reino e foi confundido com um ladrão de cavalos. Preso, passou sete anos nas masmorras do palácio de Xangô enquanto toda a vitalidade da natureza arrefecia, e o povo passava necessidade de alimento. Um babalaô alertou Xangô de que havia um inocente na prisão; ele imediatamente mandou buscá-lo e reconheceu seu próprio pai Oxalá. Então Xangô mandou que trouxessem muita água para lavar Oxalá, que lhe colocassem roupas limpas e brancas e implorou seu perdão. O velho orixá perdoou a todos e a fartura e a abundância retornaram ao reino (ZACHARIAS, 1998). Essa é a lenda que fundamenta a lavagem anual do Bonfim, em Salvador.

Neste saboroso prato vemos alma, como o aroma que fumega e sobe a nosso olfato. A história e a geografia de cada cultura se mostram nas diferenças dessas histórias: uma menina indígena, um mestre judeu e um velho pai africano. Contextos históricos e geográficos distintos, produzindo caminhos e imagens distintas.

Mas a alma também é essência em diálogo com o tempo, e nessas histórias vemos o principal protagonista sendo sacrificado. Mani morre e é enterrada pela mãe; Jesus é crucificado pelos perseguidores e, Oxalá, encarcerado e abatido pelos soldados do rei. Os três são retirados da vida pela morte ou isolamento e retornam trazendo alimento e vida para a comunidade. O sacrifício do herói faz parte da essência da alma, relatado em muitos mitos em todos os povos, pois é caminho de desenvolvimento espiritual, no sentido da profundidade, seja individual ou de um povo.

A geografia de Pindorama/Brasil forneceu a possibilidade de lugar para o encontro; a História proporcionou o encontro dos povos e a essência comungou a dimensão mais profunda da psique na aproximação dos mitos originais.

A alma brasileira é híbrida como os demais povos, que se atualizam e se reinventam a cada encontro. Deixemo-nos levar pelas cores, movimentos, sons, cantos, mitos, contos, devoções e amores dessa alma multifacetada.

Sejam saudados Tupanã, Yara e Curupira. Sejam saudados Nosso Senhor do Bonfim, Nossa Senhora dos Navegantes e o Divino Espírito Santo. Sejam saudados Exu, Yemanjá e Oxalá; e todos os demais povos que nos temperam nesse banquete profundamente humano e profundamente espiritual.

Referências

CÂMARA CASCUDO, L. da. *Dicionário do Folclore Brasileiro*. Belo Horizonte: Itatiaia, 1988.

VAN DER POEL, F. *Dicionário da Religiosidade Popular*. Curitiba: Nossa Cultura, 2013.

ZACHARIAS, J.J.M. *Ori Axé, a dimensão arquetípica dos orixás*. São Paulo: Vetor, 1998.

4 Complexo cultural e brasilidade

*Walter Boechat**

Somos uma contemporaneidade de milênios (Luís da Câmara Cascudo).

O tribalismo pós-moderno

No mundo contemporâneo, as culturas cada vez mais se aproximam e se interpenetram. O imaginário de um processo de globalização, ou de uma *aldeia global*, como a chamou McLuhan nos anos de 1960, atingiu um paroxismo nunca imaginado até então. As viagens transnacionais cada vez mais fáceis e rotineiras e o turismo para terras não visitadas sempre mais frequente tornaram a aproximação entre os povos uma realidade. E, além disso, mas não menos importante, o avassalador dinamismo da grande rede mundial de computadores que tudo conecta e tudo permeia. A grande rede tornou a comunidade contemporânea uma grande sociedade da informação.

---

* Analista junguiano, diplomado pelo Instituto C.G. Jung de Zurique; doutor em medicina social pela Uerj; membro da direção do Comitê Latino-americano de Psicologia Analítica (Clapa); autor e organizador dos livros *A mitopoese da psique*, *O livro vermelho de C.G. Jung*, *O masculino em questão*, *A alma brasileira*, além de diversas outras publicações.

Para McLuhan, seguindo as ideias de Walter Benjamin, a invenção da escrita por Guttemberg nos *destribalizou*, isto é, a humanidade saiu de um coletivismo tribal para o individualismo moderno da informação pelo livro. Por outro lado, a sociedade dominada pelos meios eletrônicos de informação volta a nos *tribalizar* (McLUHAN, 1994). Michel Maffesoli parece concordar com esse processo pós-moderno de coletivismo eletrônico quando fala de um *tribalismo pós-moderno* (MAFFESOLI, 2007: 107), qualificando-o como *uma osmose com alteridade*.

O pensador francês assim descreve esse movimento social pós-moderno:

> Eis o ponto de partida de uma nova e, no entanto, muito antiga busca do Graal: ligar-se àquilo que é impessoal. Ligar-se a uma espécie de psique objetiva da qual todos participam. Arquétipos que são vetor de comunhão. É instrutivo observar que, além da língua oficial, a do pensamento conforme, existe uma multiplicação de idiomas, discursos tipicamente tribais, enraizados nas práticas cotidianas [...]. Ora, esses idiomas se estruturam ao redor de arquétipos federadores (MAFFESOLI, 2007: 107, 108).

Nesse contexto de *osmose coletiva* no tribalismo pós-moderno, a alteridade nem sempre se alcança. As redes sociais favorecem verdadeiras epidemias psíquicas, em política e outras áreas de domínio social. Nesse momento em que escrevo, ainda se ouvem os ecos potentes do escândalo do uso de dados do Facebook pela empresa britânica Cambridge Analytica para fins de manipulação de propaganda eleitoral. Os fenômenos da *pós-verdade* se tornam frequentes, afetando o comportamento das pessoas, o qual também foi atingido pela intensa manipulação das chamadas *fake news*, ou notícias falsas.

Um dos fenômenos de destrutividade mais evidente nas redes sociais foi o chamado "jogo" da *Baleia azul*, que trouxe para alguns de nós, terapeutas, reflexos por vezes terríveis em nossos consultórios. O *Baleia azul* é um exemplo de *hoax*, isto é, algo fabricado na internet, um embuste virtual. Mas infelizmente muito eficaz. Começa com sete desafios e cada pessoa que acessa a página coloca mais um desafio, e assim o portal vai sendo construído. Embora com origem na Rússia, não tem uma autoria determinada. O índice de suicídios de crianças e adolescentes jovens associado ao fenômeno *Baleia azul* cresceu muito, inclusive no Brasil.

Todos esses fatos constituem o fenômeno social planetário que o sociólogo polonês Zigmunt Bauman (2001) consagrou com o nome de *modernidade líquida*. As diluições de fronteira e as migrações produzem o fenômeno dos campos de refugiados que, em princípio, parecem dar abrigo e segurança às comunidades que migram, mas que posteriormente são revelados como locais de total abandono, falta de cuidados médicos e sofrimento. Na verdade, a fantasia arquetípica da globalização com inclusão revelou-se como um processo de exclusão das maiorias para o benefício de uma pequena minoria.

Como essa forte atividade de diluição de fronteiras e nacionalidades é um movimento compensatório, a globalização se faz sentir de maneira cada vez mais intensa, uma busca quase instintiva de identidades nacionais que visa fugir a uma diluição das referências que pode fatalmente levar à desorientação. Refletindo sobre esse processo compensatório ou enantiodrômico, Bauman (2001: 201) procura distinguir o *nacionalismo* do *patriotismo legítimo*. O *nacionalismo* é caracterizado por um processo que Claude Lévi-Strauss chamou de *antropoêmico* (do grego *emein*, vomitar), uma recusa agressiva de tudo o que vem de fora das fronteiras com uma exaltação exacerbada dos valores nacionais, em seu extremo podendo levar mesmo a uma limpeza étnica, como a ocorrida na Bósnia. Já o *patriotismo*, para Bauman, ocorrreria em comunidades *antropofágicas*, que devoram o estrangeiro e o assimilam aos seus valores sociais[1]. Ambas as formas seriam processos de resistência ao globalismo planetário das últimas décadas. Em anos recentes, esses movimentos nacionalistas antropoêmicos se agudizaram tanto na América do Norte quanto na Europa, como sabemos.

Uma outra imagem que retrata a comunidade global de hoje é aquela da terra como uma Mãe ou Deusa-Mãe, a qual todos os seres estão conectados e dela dependem. O conhecido mitólogo Joseph Campbell, uma vez perguntado sobre qual seria o mito dominante para o homem contemporâneo, respondeu que seria o mito de *Gaia*, a *Terra-Mãe*, pois se no passado os povos e culturas viviam uma rotina de independência e possuíam seus próprios deuses de forma independente, na atualidade o mito de *Gaia* diz respeito a toda a humanidade globalizada.

Realmente, a grande teia social que une as comunidades dos cinco continentes repousa sobre nossa Mãe Gaia e dela depende. As prementes questões ecológicas do mundo atual e

---

1. Recordo nesse contexto o movimento de arte moderna de 1922 no Brasil, que propunha, nas artes plásticas, poesia e literatura, a partir dos valores e símbolos europeus, criar uma representatividade artística autenticamente brasileira. Oswald de Andrade cunhou esse importante processo de *Movimento Antropofágico*.

o problema do aquecimento global acabaram por aproximar a grande maioria das nações civilizadas que procuram soluções para o problema, como a busca de fontes renováveis de energia limpa e outros mais.

A importância do meio ambiente como fundamento para a própria sobrevivência da espécie humana encontrou expressão, de forma poética e ao mesmo tempo com rigor científico, na chamada *Hipótese Gaia*, do cientista britânico James Lovelock. De acordo com essa teoria, todos os sistemas vivos que fazem parte da biosfera terrestre atuam sobre o meio ambiente e o modificam; há uma interação homeostática entre o meio e a vida, em direção a um propósito de sobrevivência do todo. O globo terrestre não é algo inanimado e inerme, pois está em contínua interação com todas as formas de vida que compartilham de seu bioma, inclusive a comunidade humana, compondo o todo vivo da Mãe Gaia.

Todos esses processos, todos esses movimentos coletivos falam de interação, colaboração, de um processo de busca por uma interação criativa para a sobrevivência de uma totalidade viva e dinâmica.

Os processos verticais de enraizamento

Em todos esses processos coletivos horizontais de interação e globalização ocorrem processos inevitáveis verticais, de busca de identidade, de busca de enraizamento. A palavra raiz vem do grego *rheo*, que traz a ideia de um enraizamento dinâmico, um brotamento desde as fontes originais. O enraizamento está também associado à noção de *rizoma*, a raiz original que leva às origens. O tema da raiz está vinculado à *memória individual e coletiva na cultura*, essencial para a questão da identidade de uma comunidade.

A temática da raiz e da comunidade não é apenas uma metáfora ou imagem psicológica. É importante notar como os fenômenos psicológicos repetem-se sempre na natureza, já que o homem não existe separado da Mãe Gaia. Em diversas passagens de sua obra, Jung faz referência a processos da natureza para ilustrar mecanismos psíquicos. Cita, por exemplo, a conhecida máxima de Leibniz: *Natura non facit saltus*, "a natureza não dá saltos", para se referir ao fato de que a psique se organiza gradualmente sem pular etapas, quer seja na evolução filogenética das espécies quer seja na ontogênese individual. Ou quando se refere às relações entre o inconsciente e a consciência como uma homeostase psíquica, tomando a imagem da fisiologia humana do equilíbrio hidroeletrolítico entre os meios intra e extracelular. Ou, ainda, quando compara os arquétipos como conteúdos do inconsciente coletivo com os órgãos componentes do corpo e sua fisiologia própria.

Com a imagem da raiz como mergulho nas origens, chegamos à importante questão da memória coletiva como essencial para o resgate da identidade dos povos. Tomando o caso do Brasil em particular, percebemos uma *perda crônica de memória nacional* pela identificação com valores estrangeiros. É um vício entranhado na cultura brasileira de olhar sempre para fora, para os espaços horizontais da influência estrangeira, de modo especial a América do Norte e a Europa. Há uma urgência de mergulho nas raízes para o contato com os valores tradicionais da brasilidade em busca de rumos genuínos da identidade coletiva.

As horizontalidades e o imbricamento de culturas

Ainda nos estendendo um pouco na metáfora das raízes, mergulhar nelas não significa isolamento ou perda das horizontalidades necessárias. Mesmo no mundo literal da botânica há uma significativa descoberta de uma vida social das árvores em uma mesma comunidade vegetal. Um guarda florestal alemão, Peter Wohlleben, descobriu que as árvores têm vida social, comunicando-se por meio de suas raízes. Árvores se comunicam e se protegem de maneira semelhante às redes da internet, avisando umas às outras de variações ambientais, predadores etc.[2]

Mas a questão do imbricamento das culturas pela sociedade de comunicação é fato recente. Quando Jung realizou suas conhecidas viagens a povos não europeus a partir da década de 1920 pôde encontrar uma grande alteridade cultural, coisa que seria mais difícil nos dias atuais. Conheci um jovem pajé da tribo Huniquin do Acre, que, embora descendente de uma geração tradicional de xamãs, guardiã dos mitos e tradições da tribo, mantinha um especial interesse por cinema e gostava de filmar sua tribo e detalhes de seus hábitos e rituais. Ao contrário, quando Jung visitou os povos da Costa do Marfim, da Tunísia, os índios de Pueblo no Novo México ou a Índia, em busca da emergência espontânea dos símbolos arquetípicos para referendar sua teoria do inconsciente coletivo, encontrou culturas mais preservadas em suas identidades devido ao seu isolamento cultural.

Modernamente, o estudo de temas culturais e políticos ganhou uma grande importância devido às interações cada

---

2. Cf. WOHLLEBEN, P. *A vida secreta das árvores*, 2017.

vez mais intensas entre o indivíduo e a cultura. Como culminância sombria da Revolução Industrial, tivemos no século XX as duas catastróficas grandes guerras. Jung, como outros pensadores, debruçou-se intensamente sobre as questões sociais e as relações do indivíduo com a cultura. Seus estudos sobre essas questões foram coligidos no volume 10 da Obra Completa[3]. Nesses ensaios procurou entender as particularidades da psique alemã associadas à Segunda Grande Guerra. O seu *Seminários sobre psicologia analítica* (1925) comparou as camadas da psique como estratos geológicos, apresentando uma continuidade da superfície até o núcleo central da terra: indivíduos, famílias, clãs, nações, grandes grupos (indivíduo latino-americano, por exemplo), ancestrais primatas, ancestrais animais em geral[4].

Referenciais contemporâneos para a interação indivíduo-cultura

Mas coube aos pós-junguianos contemporâneos propor modelos teóricos específicos para a abordagem da interação indivíduo-cultura. O *inconsciente cultural* (Joseph Henderson) representaria a camada do inconsciente coletivo pertencente a um grupo social ou cultura. O inconsciente cultural se situaria topograficamente entre o inconsciente coletivo e o inconsciente pessoal. Thomas Singer e Samuel Kimbles (2004) propuseram o termo *complexo cultural*, derivado do conceito de complexo de tonalidade afetiva de Jung. Enquanto o complexo afetivo refere-se a representações de conflitos

3. Principalmente em *Wotan* e *Depois da catástrofe*.

4. Cf. JUNG. *Seminários sobre psicologia analítica* (1925), preleção 16, p. 171.

ou traumas na psique individual, o complexo cultural diz respeito a questões conflituosas que uma nação ou coletividade desenvolve no decorrer de sua história.

Há uma grande semelhança na estrutura e na maneira de ação de um complexo afetivo individual e de um complexo cultural. O complexo afetivo no indivíduo pode se estruturar como um trauma precoce de infância, por exemplo. Mas irá atuar durante a vida adulta e pedirá uma elaboração posterior. Da mesma forma o complexo cultural, embora se originando nos inícios da organização de uma cultura, poderá ter efeitos deletérios sobre a organização social futura da sociedade. Veremos esse fenômeno quando tratarmos dos principais complexos culturais brasileiros. Assim também o fenômeno de *irradiação afetiva* entre complexos (BASH, 1965), pelo qual um complexo afetivo ativado pode afligir outros com conteúdo afim (por exemplo, o complexo paterno pode ter irradiações para um complexo de poder, ativando-o). Vale lembrar que complexos culturais podem ter influência sobre outros afins e atraí-los para um campo de força comum com efeitos destrutivos para a cultura em médio e longo prazos. Complexos irradiados são ainda mais difíceis de serem elaborados. Também indivíduos com complexos pessoais afins com os complexos culturais de seu grupo social sofrem uma sinergia desses complexos culturais, e sentem de modo particularmente intenso sua influência.

Os quatro grandes complexos culturais da nação brasileira

Leonardo Boff certa vez mencionou o que denominou de *as quatro grandes sombras* da cultura brasileira: o *colonialismo*, o *holocausto indígena*, a *escravidão* e a *corrupção*.

Estou aqui tomando a liberdade de traduzir a expressão de Boff *sombras* (que parecem por si só terem uma inspiração junguiana, posto que, como sabemos, o teólogo é o principal responsável pelo lançamento das obras de Jung em português, no Brasil) para *os quatro grandes complexos culturais* do país. Vamos conversar sobre cada um deles, com suas características próprias, para melhor entender o que estamos propondo como brasilidade. Assim como no paciente individual o processo terapêutico depende da memória, do resgate de fatos passados, do confronto com seus complexos, aqui também ocorre o mesmo quando estamos em busca de um entendimento do que é brasilidade, identidade cultural brasileira; necessitamos de uma melhor compreensão do passado do país e dos complexos culturais que se organizaram através do tempo.

Complexo cultural do colonialismo

Sérgio Buarque de Holanda descreveu com riqueza de detalhes as fantasias europeias sobre o Novo Mundo (BUARQUE DE HOLANDA, 1977). O Brasil e os demais países americanos eram descritos como verdadeiros paraísos terrestres. Do ponto de vista da psicodinâmica do inconsciente cultural, qual a razão dessas fantasias? Acho importante questionar o ponto de vista etnocêntrico com o qual se percebe esse encontro de duas grandes civilizações, a europeia e a americana, que antes nunca tinham se encontrado. Normalmente se descreve a perspectiva dos indígenas da América como fortemente mitologizada; assim, por exemplo, os astecas tomaram Hernan Cortez como uma manifestação do Deus Quetzacoal, a serpente emplumada. Mas torna-se importante perceber que os europeus também vivenciaram diversos mitos sobre as terras desconhecidas. O antigo mito irlandês de *Hy Brasil* ou *Bresail*, ilha de bem-aventurança que poderia ser encontrada no Ocidente[5], o mito do Eldorado, ou o das Amazonas, e diversos outros associados a um paraíso terrenal nas terras do Extremo Ocidente, demonstram que o europeu também mitologizou em larga escala o processo de chegada às novas terras desconhecidas. Isso é devido ao fato de que o processo de mitologizar é espontâneo do inconsciente, quando o desconhecido tende sempre a ser preenchido por imagens mitológicas. Portanto, não apenas os indígenas possuíam o mito como referência, mas também os europeus, dominados por mitos e crenças de diversas formas. Na Europa, o mito da Idade de Ouro em períodos primordiais dominou o imaginário coletivo desde os tempos da Grécia antiga. Com a grande enantiodromia cultural que dominou a Europa à época dos descobrimentos, o mitologema da Idade de Ouro foi resgatado do passado e projetado nas longínquas terras desconhecidas do Ocidente.

Associado ao mitologema do Paraíso Terrestre está o poderoso mito da Grande Mãe, eterna doadora de benesses sem limites. Este é um dos mitos fundadores da *terra brasilis* (MEIRA PENNA, 1999: 117ss.). Os europeus, ao chegarem ao Novo Mundo, viram principalmente uma fonte inesgotável de bens naturais a serem explorados e enviados à metrópole. O complexo cultural da colonização se organiza. Ainda nos dias de hoje, a fantasia da Terra-Mãe eterna produtora de matérias-

5. Cf. MEIRA PENNA. *Em berço esplêndido*, 1999, p. 118. A presença desse mito anterior à descoberta do Brasil levanta importantes dúvidas sobre a origem do nome do país, segundo o referido autor.

-primas (*commodities*) a serem exportadas, com uma ausência de um desenvolvimento industrial significativo, domina a cultura nacional. É o complexo cultural plenamente atuante na realidade contemporânea.

Complexo cultural do holocausto indígena

Novamente nos referimos a Leonardo Boff quando tomamos emprestado o termo *holocausto indígena*. Boff argumenta que o termo *holocausto* é referido à exaustão em relação ao flagelo nazista, mas o terrível fenômeno do *genocídio indígena* nas Américas encontra pouco espaço na literatura e nos meios de comunicação. Na época da chegada dos portugueses, a população indígena no Brasil representava em torno de cinco milhões de indivíduos, falando cerca de 1.300 línguas diferentes, com diversas etnias agrupadas pelas semelhanças de seus dialetos. Segundo o censo do IBGE de 2010, a população indígena somava em torno de 900 mil indivíduos. Destes, aproximadamente 300 mil viviam em cidades.

O genocídio indígena se produziu tanto por guerras quanto por doenças trazidas pelos brancos, como varíola e gripe, contra as quais os indígenas não produziam anticorpos.

Na verdade, fatores culturais mais complexos estão envolvidos nesse primeiro encontro de civilizações. O mecanismo de transmissão de doenças era totalmente desconhecido naquela época. Somente séculos mais tarde Pasteur faria suas descobertas (NARLOCH, 2009). Pensava-se que as doenças pudessem ser transmitidas por ventos malignos. Mesmo o nome malária (*males-ares*) tem sua origem nesses tempos pré-científicos. Assim como os europeus dizimaram tribos inteiras devido ao contato dos índios com novos vírus e bactérias, sem o saber também levaram para as cortes europeias diversas doenças venéreas. Foi um preço a pagar por esse encontro de povos de continentes desconhecidos (NARLOCH, 2009).

Além desse aspecto cru de mortandade, guerras e ambição territorial, um aspecto mais sutil e não menos destrutivo toldou o holocausto indígena: *a conquista de almas*. As conhecidas reduções jesuítas, locais onde as tribos eram recolhidas para serem catequizadas e assimiladas ao cristianismo, sem dúvida tiveram o aspecto positivo de proteger muitos dos selvícolas da crueldade dos conquistadores. Mas, ao mesmo tempo, destituíram-lhes de seus mitos, de seu passado, de sua linguagem e, portanto, de sua alma.

O complexo cultural do holocausto indígena mantém-se ativo hoje pela contínua perda da memória brasileira pela morte das etnias indígenas e pelo esquecimento de diversas linguagens. A urgente questão do processo de demarcação das terras indígenas é apenas o aspecto mais visível e político desse complexo cultural. É a luta contra o holocausto indígena que continua.

Complexo cultural da escravidão

Lamentavelmente, o Brasil foi o último país do hemisfério ocidental a abolir a escravidão, somente em 1888! Essa é uma terrível mancha na história brasileira que necessita de confrontação. Devido ao longo período de atuação desse complexo cultural, marcas indeléveis foram deixadas na memória coletiva brasileira. Por vezes se divulgou o mito de que haveria uma *democracia racial* no Brasil, ideia abraçada por ninguém menos que Gilberto Freyre e, posteriormente, abandonada. O terrível sofrimento dos escravos nos navios negreiros e seu padecimento em terras brasileiras constituem um marco de nossa identidade que não deve ser esquecido.

A forte presença de uma miscigenação racial desde as origens do Brasil, quando os colonizadores e índios se misturaram, continuou posteriormente nas misturas de negros com brancos e outras raças. Essa miscigenação está na origem da fantasia de uma democracia racial no Brasil. Mas certamente há um racismo em nosso país, presente de forma insidiosa, quando as pessoas de cor ocupam os estratos sociais mais baixos e, em geral, têm acesso a salários menores, dentro da fortíssima pirâmide social brasileira. Uma outra forma de complexo cultural vivo e atuante nos dias de hoje é o trabalho escravo, a todo momento denunciado pela imprensa em reportagens.

Certamente, o racismo daqui é diferente do norte-americano, contra o qual lutou Martin Luther King; lá, pretos e brancos eram separados por lugares específicos nos transportes, nas igrejas e nas escolas. É ainda mais diferente do *Apartheid* sul-africano, superado pela longa e emocionante luta de Nelson Mandela. Mas, ainda assim, é uma forma de racismo, destrutivo em sua essência, prolongamento até nossos dias do complexo cultural da escravidão.

Decidi chamá-lo de *racismo cordial*[6], baseando-me no conceito do *homem cordial* de Sérgio Buarque de Holanda (1999: 146, 147). A cordialidade não é, de modo algum, boas maneiras e afabilidade, mas antes "uma maneira de defesa ante a socie-

---

6. Cf. BOECHAT & BOECHAT, 2007.

dade" (p. 147). Sentimentos de diversas naturezas emergem do coração e não necessariamente são cordiais.

> Por meio de semelhante padronização das formas exteriores da cordialidade [...] revela-se um decisivo triunfo do espírito sobre a vida. Armado dessa máscara, o indivíduo consegue manter sua supremacia ante o social (BUARQUE DE HOLANDA, 1999: 147).

O primeiro passo para confrontar um complexo, tanto no indivíduo quanto na cultura, é reconhecer sua existência. Nesse aspecto, o tão longamente negado racismo cordial brasileiro vem sendo finalmente admitido. As maneiras de lidar com esse complexo e as formas propostas de integrá-lo, pelo menos em parte, na consciência coletiva serão abordadas logo a seguir.

Complexo cultural da corrupção

A questão da corrupção é, sem dúvida, universal e não seria tarefa fácil explicar porque em nossa cultura ela adquiriu proporções tão importantes. Ramos (2004) procura ver na corrupção um derivado da baixa autoestima típica de nossa cultura. Meira Penna (1972) propõe uma oposição dialética entre a sociedade lógica e uma sociedade erótica, e que o Brasil estaria ainda no nível de uma *sociedade erótica*, não conseguindo estabelecer as bases para uma *sociedade lógica*. Para tal, Meira Penna (1972: 129ss.) baseia-se em Max Weber e suas colocações seminais sobre a *Gemeindeschaft* (do alemão, *comunidade*, grupo social baseado em vínculos familiares e afetivos) e a *Gesellschaft* (sociedade lógica, organizada por instrumentos administrativos). Essas colocações estão em linha com as observações de Buarque de Holanda sobre os aspectos negativos da *cordialidade* presentes já num Brasil rural e neocolonial. Realmente Buarque de Holanda defende o forte predomínio dos laços familiares e a família como núcleo fundante da organização social brasileira. Além disso, a forte presença da *malandragem*, o *jeitinho brasileiro*, o uso constante de diminutivos na linguagem, os gestos e a linguagem corporal muito efusiva, com abraços e frequentes tapinhas nas costas, falam muito mais de um Eros *a serviço da corrupção* do que de um amor poderoso de construção social[7].

A memória: um caminho para a integração dos complexos culturais

Estamos chegando ao final de nossas reflexões e um problema se coloca: O que fazer para tentar transformar esses graves complexos culturais enraizados em nossa própria origem como nação? A grande resposta para esse processo é a mesma que numa psicoterapia individual: a *memória*. Em um caso de um paciente em análise, a memória dos traumas e lembranças sepultadas no passado é o primeiro passo para uma terapia bem-sucedida.

A memória foi elevada à categoria de uma deusa pelos antigos gregos, que a chamaram *Mnemosina*, a que gerou as nove musas em consórcio com o próprio Zeus. Mnemosina ti-

---

7. O analista junguiano Adolf Guggenbuhl-Graig, em visita ao Brasil nos anos de 1980, comentou comigo sobre a efusividade brasileira, os abraços e a proximidade corporal intimista ausentes na Suíça. Ele esteve em um jantar onde havia diversas pessoas de certa importância política. Com sua agudeza crítica, analisou que todos esses gestos afetivos escondiam, na verdade, desejos de obter algumas vantagens e poder.

nha um caráter *soteriológico*, de salvação. Assim, no confronto com os graves problemas culturais, faz-se necessário *lembrar* e não recalcar, esquecer, jogar para o fosso do passado.

Senti na pele as idas e vindas da memória e dos complexos culturais quando certa vez, em passeio pela região da Gamboa, centro do Rio de Janeiro, deparei-me com um museu recentemente inaugurado, o *Museu dos Pretos-Novos*. O museu fica próximo ao Cais do Valongo, na zona portuária, onde no passado grande quantidade de escravos chegaram após a longa e terrível viagem a bordo de navios negreiros. Milhares de escravos morreram no próprio Porto do Valongo em consequência dos sofrimentos da viagem, e eram enterrados ali mesmo, em valas comuns. Esses mortos são os *pretos-novos*, novos porque são os recém-chegados, os novos mortos recém-chegados.

O Cais do Valongo foi por longo tempo chamado de Cais da Imperatriz, porque nele também desembarcou a Imperatriz Tereza Cristina vinda das cortes europeias para se casar com Pedro II. Qual o nome mais adequado, Cais da Imperatriz ou Cais do Valongo? A *persona* europeia, defensiva, ou a negra *sombra* da verdade dolorosa? Em 2011, escavações arqueológicas como parte da revitalização da zona portuária do Rio descobriram um ancoradouro em dois níveis – o Cais da Imperatriz sobreposto ao antigo Cais do Valongo –, juntamente com objetos de origem africana, de Angola e Moçambique, de grande interesse arqueológico. E o Cais do Valongo foi declarado patrimônio da humanidade pela Unesco.

O cemitério dos pretos-novos teve sua existência revelada completamente por acaso quando, após uma compra de uma casa em rua próxima ao Cais do Valongo, os novos proprietários se depararam nos fundos com os restos de um antigo cemitério de escravos. Esse era nada menos que o cemitério dos pretos-novos, onde até um milhão de escravos foram sepultados no início do século XIX. Hoje temos no local o importante *Museu dos Pretos-Novos*, com uma pirâmide de vidro ao centro e nomes de escravos nas paredes em memória daqueles que ali estão enterrados. Há ainda em curso o projeto de um grande Museu da Escravidão.

Rememorar, trazer à tona, confrontar o longo período de escravidão no Brasil e o racismo cordial presente na sociedade contemporânea é fazer um *ativismo político* (Andrew Samuels) com consciência psicológica.

Toda a sociedade está em processo de despertar para a necessidade de confrontar essas sombras coletivas; caso contrário, mergulhará em um processo de dissociação ainda mais profundo do que está, dessa vez sem retorno. O *mecanismo de cotas raciais* para as universidades públicas faz parte também desse processo de tentativa de elaboração de conteúdos longamente reprimidos.

Demarcação já! Esse é o grito que se ouve nas mídias sociais progressistas e em alguns meios mais esclarecidos. A memória indígena deve ser preservada a todo custo em um momento em que suas terras são invadidas, seus mitos perdidos, suas tradições vilipendiadas. Repete-se o antigo processo da destruição das almas do período colonial. Nas múltiplas linguagens, nos mitos e tradições guardados pelos antigos xamãs, aí também estão as múltiplas almas do inconsciente cultural brasileiro. Nos cabe, como junguianos, ir em busca dessas tradições ameaçadas pela mão grosseira do homem branco.

E, por último, mas não menos importante, devemos voltar nosso olhar para as ricas tradições presentes nas festas populares, no folclore. Por vezes, festas e rituais aparentemente simples são de uma riqueza simbólica que somente o olhar atento pode perceber. Esses rituais e tradições nos levam às nossas raízes ancestrais, conectando-nos com nossa identidade esquecida. Como disse nosso maior folclorista, Câmara Cascudo: "Somos uma contemporaneidade de milênios".

Referências

BASH, K. *Psicopatologia general*. Madri: Morata, 1965.

BAUMANN, Z. *Modernidade líquida*. Rio de Janeiro: Zahar, 2001 [Trad. Plinio Dentzien].

BOECHAT, W. & BOECHAT, P. "Race, Racism and Inter-racialism in Brazil: Clinical and Cultural Perspectives". *Anais do 17º Congresso Internacional da IAAP*. Cidade do Cabo, 2007. Einsiedeln/Suíça: Daimon, 2007.

BUARQUE DE HOLANDA, S. *Raízes do Brasil*. São Paulo: Companhia das Letras, 1999.

______. *Visão do paraíso*. São Paulo: Brasiliense, 1977.

JUNG, C.G. *Seminários sobre psicologia analítica* (1925). Petrópolis: Vozes, 2014 [Ed. rev., intr. e notas adicionais de Sonu Shamdasani].

______. *Psicologia em transição*. Petrópolis: Vozes, 1993 [*OC* 10].

MAFFESOLI, M. *O ritmo da vida*. Variações sobre o imaginário pós-moderno. Rio de Janeiro: Record, 2007.

McLUHAN, H. *Understanding Media*. Londres: Routledge, 1994.

MEIRA PENNA, J.O. *Em berço esplêndido*. São Paulo: Topbooks, 1999.

______. *Psicologia do subdesenvolvimento*. Rio de Janeiro: Apec, 1972.

NARLOCH, L. *Guia politicamente incorreto da história do Brasil*. Rio de Janeiro: Leya, 2009.

SINGER, T. & KIMBLES, S. (orgs.). *The Cultural Complex*: Contemporary Perspectives on Psyche and Society. Londres: Routledge, 2004.

WOHLLEBEN, P. *La vie secrete des arbres*. Paris: Les Arenes, 2017.

5 Um mito do roubo do fogo no Brasil indígena

*Inácio Cunha**

O contexto dos contos ameríndios brasileiros

A despeito da interpretação psicológica dos contos de fada ser uma prática comum entre os analistas junguianos, não há ainda um grande número de estudos acerca das narrativas pertencentes às sociedades ameríndias brasileiras. Tais narrativas demonstram uma estruturação peculiar, uma vez que o aparelhamento psíquico desses povos é distinto quando comparado ao do homem moderno. Portanto, o objetivo central deste capítulo é apresentar uma interpretação psicológica de um conto indígena brasileiro, cuja temática é o roubo do fogo.

Do ponto de vista evolutivo, os índios brasileiros do século XVI se encontravam no início da revolução agrícola. Es-

---

* PhD; analista junguiano graduado pelo Centro de Estudos e Pesquisa em Psicologia Profunda de acordo com C.G. Jung e Marie-Louise von Franz, em Zurique, Suíça. Autor dos livros *Os custos da consciência* e *O feminino aprisionado nas frutas*. Traduziu para o português as obras de Marie-Louise von Franz: *O asno de ouro – O romance de Lúcio Apuleio na perspectiva da psicologia analítica junguiana* e *Paixão perpétua – Uma interpretação psicológica de suas visões*. Mora atualmente em Belo Horizonte, onde oferece cursos e mantém grupos de estudos em psicologia analítica junguiana.

tavam praticamente deixando para trás a Era Paleolítica, ou seja, uma condição que os estrangeiros recém-chegados do Velho Mundo já haviam ultrapassado há mais de dez mil anos (RIBEIRO, 1995: 31). Mesmo hoje encontramos comunidades indígenas que ainda não foram muito além dessa condição evolutiva. Nesse sentido, é necessário que estejamos atentos para a estruturação arcaica do aparelhamento psíquico desses povos no que concerne à apercepção da realidade.

Jung propõe que o homem arcaico não deveria ser considerado "psicológico", já que tudo que acontece com ele ocorre do lado de fora. Isso implica que sua consciência de ego não se encontra ainda desenvolvida de forma tão robusta quando comparada à do homem contemporâneo (JUNG, CW 10, § 50-73). "Psicológico", nessa perspectiva, deve ser entendido aqui como uma capacidade reflexiva, ou seja, uma possibilidade de diferenciação entre aquilo que se nomeia "Eu" e "não Eu", além da compreensão da interconexão entre tais domínios. Assim, o que Jung sugere é que a vida do homem primevo é, basicamente, um *continuum* com a Natureza.

Várias das narrativas ameríndias retratam acontecimentos num estágio em que a consciência ainda se formava e/ou passava por um processo de consolidação. As estórias revelam uma condição mental que poderíamos nomear como pré-consciência, já que aquilo que eventualmente irá se constituir num ego encontra-se ainda amalgamado com todos os elementos, tanto da Natureza quanto do inconsciente. Os seres vivos, humanos e vegetais, além dos elementos, todos, por assim dizer, compartilham de uma existência intercambiável entre si. O discurso desse homem nos parece fragmentado, visto que sua fala pulula pelos vários elementos que seu campo de visão alcança. Sua narrativa é, portanto, um derramamento de imagens envelopadas, sobretudo, numa carga emotiva desmesurada! Não há supressão de conteúdos, nem escolha; tudo é trazido numa totalidade. Nessa condição o que melhor se verifica são potencialidades. O homem moderno, por sua vez, pode experimentar tal condição quando invadido pelos conteúdos do inconsciente coletivo, e seu ego se encontra, de alguma forma, perdido ou confundido com tal material. Essa também é uma condição afeita aos estados oníricos ou de possessão pelos complexos psíquicos.

A dificuldade usual em se desvendar o sentido psicológico contido tanto nos sonhos quanto nos contos de fada clássicos (CFC)[1] pode, não obstante, ser mitigada quando nos voltamos para o estado vigente de consciência, pessoal ou coletiva, respectivamente, das partes envolvidas no relato. Isso porque uma das características fundamentais de tais "narrativas" é que elas atuam como mecanismos de compensação ou complementação em relação ao estado de consciência vigente. É por isso que nos perguntamos: "O que estará compensando tal narrativa?" "Quem deveria estar ouvindo tal conto?" Quando investigamos os CFC é possível se verificar padrões arquetípicos que estruturam, constroem, corrigem, compensam ou estimulam o desenvolvimento do homem ocidental criado, usualmente, sob a égide da religião cristã e da filosofia grega. Ao

---

1. O termo conto de fada clássico (CFC) é utilizado nesse contexto todas as vezes em que se possa identificar um nível de desenvolvimento cultural mais sofisticado em relação à procedência da estória. Assim são os contos coletados pelos Irmãos Grimm, Perrault, Calvin etc., em oposição às narrativas oriundas de uma sociedade mais arcaica, ou seja, sem uma estruturação robusta ou desenvolvimento sofisticado da consciência do ego.

nos depararmos, por exemplo, com o motivo de uma mulher aprisionada por uma figura monstruosa ou demoníaca, isso pode ser mais ou menos entendido pelo fato de que o elemento feminino não tenha sido considerado de uma forma prospectiva. Portanto, tal imagem poderia ser uma representação simbólica da exclusão, repressão ou supressão do princípio feminino em relação aos dominantes da consciência coletiva.

Mas quando lidamos com os relatos pertencentes a sociedades mais arcaicas, a extração de sentido baseada na consciência coletiva é virtualmente impossível, uma vez que tal faculdade psíquica ainda se encontrava nos estágios iniciais de formação. Assim, com os contos das sociedades primevas, o que mais se pode apreender é a respeito do processo relacionado à formação da consciência. O prazer em se investigar tais narrativas é que, a partir delas, talvez estejamos tendo a permissão de dar uma olhadela no nascimento da consciência humana. Seria como um *Big Bang* psicológico!

Desse modo, quando estamos diante de narrativas mais arcaicas, devemos nos prevenir contra o impulso de tentar encontrar elementos que comprovem nossa teoria ou hipótese baseadas nas disposições compensatórias ou de complementação germanas ao material do inconsciente. Como Marie-Louise von Franz demonstrou, tais narrativas apresentam, muito mais comumente, elementos relativos aos processos formativos e estruturais num estado de pré-consciência (VON FRANZ, 1995). O tema predominante nos contos primevos é afeito à cosmogonia, ou seja, uma situação que precede e que conduz à consciência.

O conto indígena selecionado para ser analisado foi coletado junto ao grupo indígena Kayapó-Gorotire, tribo da região central do Brasil. Sua compreensão, contudo, não parece tão complicada de ser elucidada psicologicamente; primeiro, porque é possível que essa versão (dentre as várias existentes) já deva ter sido adaptada, trabalhada e lapidada até chegar à forma apresentada aqui. Em segundo lugar, o conto lida com motivos arquetípicos bastante discutidos, comumente relacionados à criação da consciência, ou seja, a obtenção do fogo. Ressalte-se que, a despeito dessa narrativa estar associada a uma condição que nomearíamos de pré-consciência, observaremos que sua dinâmica também ajuda a entender alguns sonhos de pessoas da contemporaneidade, cujo ego, não obstante, é bastante sofisticado. A versão simplificada da estória é a seguinte (LÉVI-STRAUSS, 2004: 91, adaptado):

A origem do fogo

> Percebendo que um casal de araras construíra seu ninho no topo de um paredão, um índio chamou seu jovem cunhado, Botoque, para que juntos pudessem capturar os filhotes das aves. Ele improvisou uma escada e, quando o jovem rapaz alcançou o ninho, disse que só havia dois ovos. Seu cunhado insistiu para que os ovos lhe fossem atirados e, enquanto caíram, eles se transformaram em pedras que machucaram o índio mais velho. Isso o deixou furioso e ele acabou tirando a escada do lugar e foi embora sem, contudo, perceber que as aves eram encantadas (oaianga?).
>
> Botoque permaneceu preso no topo do rochedo por muitos dias. Ele emagrecia e, por causa da fome e da sede, se viu obrigado a comer seus próprios excrementos. Um dia, um Jaguar, que passava lá embaixo na mata, viu a sombra do menino no chão. Ele trazia consigo arco e flecha, e vários tipos de carne que havia caçado. O Jaguar olhou para cima de repente e percebeu então a criatura cuja sombra ele perseguia. Ele colocou um tronco no rochedo e convenceu

Botoque a descer. O Jaguar, de maneira amigável, colocou Botoque sobre suas costas e levou-o para casa, prometendo-lhe alimentá-lo de carne moqueada.

Mas o garoto não entendia o sentido da palavra "moqueada" porque, naqueles tempos, os índios não conheciam o fogo e só comiam carne crua. Na casa do Jaguar o rapaz viu um enorme tronco de jatobá queimando e, ao lado dele, uma pilha de pedras dispostas da mesma forma que os índios agora constroem seus próprios fornos. Ele comeu então, pela primeira vez, um pedaço de carne assada.

Mas a esposa do Jaguar, que teria sido uma índia, não gostou do menino e se referia a ele como *Meonkratum*, ou seja, "estrangeiro" ou "filho abandonado". Todos os dias o Jaguar saía para caçar, deixando seu filho adotivo com sua esposa, cuja aversão por ele crescia progressivamente. Ela dava apenas pedaços velhos de carne e folhas para o garoto. Quando o jovem índio reclamou, ela arranhou sua face, e o pobre rapaz procurou refúgio na floresta.

O Jaguar ensinou a Botoque como usar as armas porque ele temia que sua esposa pudesse ocasionar algum dano ao seu filho adotivo. O rapaz nunca tinha visto um arco e flecha até o dia em que o Jaguar o resgatou, porque os índios só caçavam com lanças. Botoque então matou a esposa do Jaguar atirando-lhe uma flecha no peito. Ele fugiu de terror, levando consigo as armas e um pedaço de carne moqueada. Ele voltou à sua aldeia no meio da noite, imiscuiu-se no leito de sua mãe, que quase não o reconheceu, já que o haviam tido como morto. Ele então contou suas estórias e distribuiu pedaços de carne para seu povo. No dia seguinte, os índios decidiram se apossar do fogo e marcharam diretamente para o refúgio do Jaguar, que ainda não havia regressado de suas caçadas. Eles pegaram o tronco do jatobá e a carne que ainda não havia sido moqueada. Naquela noite, os índios tiveram fogo pela primeira vez para iluminar a aldeia e para aquecê-los. Eles também comeram carne assada.

Quando o Jaguar voltou para sua toca, viu o que os humanos haviam feito: sua esposa morta; o arco, a flecha e o fogo roubados! Desse dia em diante o Jaguar se tornou muito triste e bravo com os homens.

> Com muita raiva, ele decidiu que, a partir daquele dia, ele só caçaria com seus próprios dentes e comeria apenas carne crua: ele queria ser completamente diferente dos seres humanos.
> Do fogo, o que lhe restou foi apenas o reflexo que brilha permanentemente em seus olhos.

Interpretação

Esse conto ameríndio não se inicia com a forma usual que estamos acostumados a ver nos CFC. Ao invés do costumeiro "Era uma vez..." ou "Num castelo distante...", o conto é aberto com "Percebendo que..." Tal aspecto, de imediato, chama a atenção porque, de certo modo, nos permite fazer uma diferenciação importante na relação entre tempo/espaço e ouvinte/leitor no que tange ao desenvolvimento da consciência coletiva. Com os CFC, a utilização daquelas formas de abertura nos faculta assumir que tudo que estará acontecendo na estória pertence a um mundo onírico, ao tempo eterno. Assim, tempo/espaço não são bem-definidos e se encontram bastante distanciados da consciência do ego. A audiência desses CFC pertence àquele mundo, ou se sentem, por assim dizer, como que se estivessem em casa, num aqui e agora, enquanto que os acontecimentos do conto se encontram alojados num além, num outro mundo. Ou seja, enquanto que a narrativa lida primariamente com material do inconsciente, a consciência de ego atende a ela como um espectador. Os indivíduos podem até ficar bastante impressionados com o conteúdo dos CFC, mas estão sempre cientes de que suas vidas permanecem ancoradas numa outra realidade. Além disso, muitos dos CFC se iniciam com uma espécie de *rite d'entrée* e terminam com um *rite de sortie*, de forma que aquilo que pertence ao domínio do inconsciente, no conto, se mantém circunscrito.

Ao se iniciar a narrativa com "Percebendo que...", o ouvinte é imediatamente convidado a olhar para o cenário como se os eventos estivessem ocorrendo de forma contígua. O indígena comunga das imagens como algo natural de seu cotidiano. Pode-se dizer que, em tais estórias, o momento e o lugar dos acontecimentos, e também o ouvinte, pertencem àquela ocasião. Mas nós, os seres da Modernidade, estamos convictos da impossibilidade de se experimentar as situações relatadas ali, visto que elas não pertencem completamente a este mundo em que vivemos. Assim, ao interpretarmos os CFC e os contos de caráter mais arcaico, precisamos estar cientes da diferença na distância dos conteúdos do inconsciente em relação à consciência, em cada uma dessas situações. É necessário se perguntar: "Qual a qualidade da relação entre os domínios do inconsciente e da consciência que permeiam a narrativa?" "Qual é o grau de desenvolvimento da consciência que se pode inferir a partir da estória?"

Não obstante, os CFC também nos deixam com um sentimento de estranheza, visto que eles, analogamente, movimentam imagens inesperadas, irracionais. Porém, com os contos arcaicos, a impressão é ainda mais desconfortante. Fomos informados, por exemplo, que a esposa do Jaguar é um ser humano, mas, ao mesmo tempo, ela é um animal, e isso ratifica o caráter de indiferenciação da realidade ali. Com os CFC temos também, eventualmente, acesso à informação de que um dado ser humano fora transformado em animal. Há, contudo, quase sempre, um "motivo" por trás dessa transmutação; uma maldição, feitiço, ou algo parecido e, normalmente, o desenvolvimento da estória conduz a uma redenção desse ser que fora mantido encarcerado num corpo de animal. Mas, com o conto arcaico, esse humano/animal é uma entidade em si mesma e pertence ao drama como tal. Não causa, portanto, estranheza ao ouvinte para o qual a narrativa foi construída.

O contexto das aves na narrativa

A nossa estória se inicia então com duas figuras masculinas que percebem a presença de um ninho de araras e decidem capturar os filhotes. A arara é uma ave importante para a vida simbólica e religiosa das populações indígenas de várias tribos em todo o continente sul-americano. Usualmente, os índios capturam diferentes tipos de animais enquanto filhotes para mantê-los como bichos de estimação. As aves, de um modo geral, são particularmente apreciadas por causa de suas penas, que são utilizadas para o fabrico de ornamentos, cocares, ou mesmo para fins xamanísticos, tais como rituais de cura e iniciação, propiciação de plantações e clima etc. As araras, no entanto, e sobretudo as vermelhas, têm um significado especial para os índios. Para algumas tribos do Brasil Central, diferentes espécies de arara representam específicos *aroes* (espíritos) que dão identidade a um dado clã. No conto, foi dito que elas são *oaianga,* possivelmente uma variação de anhangá, uma expressão da língua tupi cujo significado está ligado à ideia de espírito, sombra, alma, espectro. Essa palavra está sempre associada a uma situação de surpresa, medo, já que se supõe ser o espírito daqueles parentes já mortos e que, possivelmente, necessita encontrar uma “habitação”. A expressão funciona como se fosse um gênio que pode assumir diferentes formas ou compleições de animais (CÂMARA CASCUDO, 2012: 90).

Os índios Bororos se consideram eles próprios araras vermelhas, mas também assumem que a alma de seus parentes mortos permanece por algum tempo incorporada nessas aves. Como almas transubstanciadas nessas aves, os ancestrais se juntam à vida tribal, são alimentados e participam das cerimônias. É por isso que tais animais são cuidados de forma tão especial, profundamente apreciados e respeitados.

Em algumas versões desse conto, a arara adota o jovem índio que subiu até seu ninho, alimentando-o como se fora mais um de sua ninhada. Isso talvez explique porque, entre alguns indígenas, exista a crença de que eles sejam araras, mas apenas enquanto são filhotes sem penas, e não mais quando ficam maiores já totalmente emplumados.

Aves, em geral, estão simbolicamente associadas ao ar, espírito, ideias, ou a quaisquer outros aspectos do domínio pneumático, não apenas nas sociedades ocidental e oriental, mas também para o homem primevo, como dito. Usualmente elas representam uma intermediação entre os céus ou espírito aéreo[2] (pneumático) e os seres humanos. Os índios brasileiros expressam tal associação de maneira elaborada a partir da confecção dos seus adereços tão bem cuidados, sobretudo os cocares, que são representações alegóricas de corpos celestiais, como sol e lua. Assim, podemos compreender que o ato de ir até o ninho das araras é bastante simbólico para o indígena, já que ele está em busca de algo que expressa aquilo que lhe é do

---

2. Enfatizo aqui o caráter "aéreo" do espírito porque, para esses povos, os espíritos estão em todos os lugares, mesmo no mundo mineral.

mais alto valor, ou seja, a representação de sua própria continuidade existencial, além de brilhar, aquecer e protegê-lo.

O pareamento, a ascensão e a tarefa

Nesse conto somos informados de que um jovem rapaz sobe numa escada para proceder com desaninhamento, mas algo diferente acontece. Pode-se identificar aqui três situações que surgem com frequência, de forma arquetípica, em outras narrativas: 1) a presença de dois indivíduos; 2) a escalada ou subida; e 3) a execução de uma tarefa não esperada.

A associação entre duas figuras masculinas nesse tipo de narrativa usualmente estabelece uma condição de oposição. Com frequência esse par é representado por um pai e seu filho, o irmão mais velho e o mais novo, o marido da irmã e seu cunhado, e assim por diante. Psicologicamente, pode-se dizer que a presença desses dois personagens em situação de oposição se coloca para a tensão que precede o desdobramento de um ato criativo, ou seja, algo que está prestes a se tornar consciente. O desenvolvimento de um dado enredo normalmente necessita do estabelecimento de uma força de oposição entre duas disposições para que algo de novo surja. Como se sabe, não há crescimento, sobretudo psíquico, sem que se constele a dinâmica de opostos.

O segundo aspecto relativo à subida ou escalada é também um motivo muito comum em contos, visto que ele anuncia que a separação entre conteúdos é necessária para o desenvolvimento de algo novo. Essa atividade se caracteriza num *transitus* entre o que se encontra abaixo e o que se encontra acima. Assim, há inicialmente uma separação entre as duas figuras (ascensão) e, então, o descenso daquele personagem para promover as transformações necessárias. Usualmente, o par de indivíduos sai em busca de algo que é valioso para a tribo; pode ser mel, castanhas, uma flor ou fruto específicos, filhotes de aves, um amante, e assim por diante.

Mas o que eventualmente acontece no conto é que aquele que subiu acaba realizando uma tarefa diferente da que estava programada. Simbolicamente, isso significa que após se alcançar o topo da estrutura, ou seja, conquistar um novo ponto de vista ou, pelo menos, uma perspectiva diferente, é facultado ao indivíduo a realização de uma tarefa criativa. Não há, contudo, informação prévia de que ele fará algo inesperado. Ele simplesmente se vê diante do inusitado e, portanto, topa o desafio. Assim, pode-se assumir que esse novo feito seja algo que já venha sendo "cozido" no inconsciente a fim de ser realizado. Temos então um processo psicológico importante revelado aqui que caracteriza os fenômenos de polarização, separação e concretização de um feito.

Nesse nosso conto, o jovem rapaz, em vez de filhotes, encontra apenas ovos (em outras versões, ele mente e diz não haver nada lá ou afirma existirem apenas pedras). Quando ele joga os ovos para seu cunhado, eles se transformam em pedra e o machucam. Sentindo-se ofendido, ele pune Botoque removendo a escada, e o abandona lá no alto à própria sorte. Com esse episódio, temos a culminação da tensão entre as duas forças personificadas nesse par de homens. Eles finalmente quebram sua ligação e o jovem terá de se submeter agora a uma série de provações, como se fora um processo iniciático. Há um valor psicológico nesse episódio porque ele ilustra o fato de que a tensão estabelecida por duas forças antagônicas deve eventualmente se romper para que algo novo possa ser criado.

É também significante verificar que, ao caírem, os ovos se transformaram em pedras, machucando o homem lá embaixo, que deixa o local furioso. Num primeiro momento, a transformação dos ovos em pedras tem uma importante significação psicológica. Isso quer dizer que, uma vez que tenhamos vencido uma dada condição e nos vemos num outro patamar, não devemos mais nutrir aquilo que fora deixado para trás. A atitude prévia deve ser abandonada! Também, ilustra que apenas aqueles que se esforçam por algo de valor ou enfrentam o desafio para alcançar o objeto de desejo devem merecê-lo. Considerando-se que o ninho de arara se coloca como o *locus* da alma transubstanciada, essa situação também pode ser compreendida sob a perspectiva espiritual, ou seja, somente aqueles que trabalham no sentido da elevação estão aptos a serem inspirados pelo espírito.

Em outras versões, após a debandada do cunhado, é o Jaguar que demanda que o jovem rapaz lhe atire os filhotes para saciar sua fome. Aqui, então, Botoque estaria, por assim dizer, alimentando a "condição" apropriada, ou seja, ele alimenta o deus que eventualmente retribuirá com um presente especial, a carne moqueada, e outras novidades. O Jaguar, diferente do cunhado, significa o novo. Ele é o intermediador entre o fogo simbólico, outrora representado pela arara com suas penas coloridas, e o fogo real, que eventualmente servirá para assar a carne e trazer luz e calor para a escuridão aterradora das noites e o frio da mata. A partir desse encontro com o Jaguar inicia-se, assim, a jornada do nosso jovem herói em direção ao fogo real.

O caráter arquetípico desses motivos, envolvendo ascensão para se alcançar algo de valor e os perigos inerentes a essa tarefa, pode ser apreciado no sonho de um homem contemporâneo de cerca de quarenta anos. Ele relata:

> Meu amigo, aparentando mais jovem do que realmente é, sobe num cacto que cresceu no alto de um muro a fim de apanhar uma fruta. Ele se esforça para não perder o equilíbrio, já que o cacto não é tão sólido. Mas, eventualmente, ele cai no chão. Eu então subo no muro, pois surgira um leão que poderia comer meu amigo. Pego um pedaço de pau com receio de que o leão pudesse morder meu braço e desmembrar-me.

Aqui temos o motivo dos dois indivíduos: o sonhador e seu amigo, o qual sobe na árvore para alcançar o objeto de desejo que, no caso, é uma fruta. Há várias narrativas em CFC em que o motivo de apanhar uma fruta representa a jornada do homem em direção ao elemento feminino que ainda não está consciente na sua psique (CUNHA, 2017). Nesse sonho, não é improvável que se esteja enfatizando a jornada do homem em direção à sua alma, à *anima*, ou ao domínio de Eros, visto que esse é um setor que não é bem acomodado em sua psicologia. O problema nesse sonho é que, ao invés do sonhador, quem realiza a tarefa é uma figura de *sombra*, personificada nesse amigo. Este, aparentando ser mais jovem do que o é na vida real, incorpora a coragem e a disposição necessárias para dar prosseguimento nessa jornada e vencer os obstáculos. Há, entretanto, um importante senão com o amigo porque ele cai da árvore. Esse detalhe talvez represente a disposição do sonhador em alcançar seus objetivos, mas de forma pouco responsável, atirando-se às tarefas, diríamos, a qualquer custo. A condição de *sombra* representada no amigo é, contudo, também positiva, uma vez que, além de desempenhar um papel de ajudante, emula qualidades que o sonhador ainda não conhece em si próprio ou que faz uso bem abaixo de sua capacidade: juventude, disposição e capacidade de realização. O que se poderia inferir a partir desse sonho é que o sonhador, embora capaz, não se mostra totalmente engajado no seu próprio desenvolvimento psíquico, ou o faz de modo atabalhoado. Ele ainda se aproxima do problema do feminino em sua psique de forma tangencial ou, pior, em cima do muro. Daí as forças instintivas (leão) se apresentarem de forma tão ameaçadora.

O sonho termina de modo peculiar, posto que há indicação de que o leão talvez possa ter atacado e matado seu amigo. Sonhos com felinos vorazes, sobretudo leões, relatados por homens, indicam usualmente a condição um tanto quanto deprimida em que se encontram por não se sentirem capazes de vir a termos com seu destino. Normalmente, esses leões se colocam para a necessidade *inconsciente* do indivíduo de devorar tudo como uma forma de compensação para sua "frustração pela não realização de seus desejos mais selvagens e infantis" (VON FRANZ, 1980: 105). O sonhador, sendo uma pessoa insegura, fica em cima do muro, numa típica demonstração daqueles que evitam ou têm dificuldade de tomar uma posição. Esse é um aspecto da *sombra* que deve ser mortificado, e seu conteúdo assimilado. O leão representa tanto sua necessidade em assenhorar-se de sua *sombra* positiva quanto o perigo que ele próprio se encontra por não vir a termos com seus instintos.

O medo que o sonhador relata se refere ao desmembramento, o que é uma condição bastante importante para sua psicologia, por duas razões: a primeira se refere ao fato de que o leão atacaria precisamente os "órgãos" do corpo do sonhador relacionados à manipulação (braços) e à fuga (pernas). Ou seja, o leão então atuaria como aquilo que poderia prevenir o sonhador, metaforicamente falando, da sua tendência a tangenciar a vida e de sua evitação em topar a realidade que concerne à sua vida subjetiva. É a revolta de seus próprios instintos! O segundo aspecto poderia ser olhado sob a ótica da iniciação, normalmente associada à mutilação do corpo, comum em rituais iniciáticos em diferentes partes do mundo. É esperado que o indivíduo ao progredir para uma outra fase de sua vida deixe para trás alguns aspectos de sua psicologia, usualmente sua condição infantil ou profana, antes que possa ser considerado adulto ou um ser religioso; não necessariamente um xamã, mas uma pessoa cônscia de seu próprio *mana*.

É interessante comentar que, após algum tempo entre idas e vindas no seu próprio processo analítico e maior aprofundamento em suas questões afeitas à lida com a *anima* e ao *complexo materno*, esse sonhador relata o seguinte sonho:

> Subi numa árvore para apanhar algumas mexericas. Só que as "mexericas" que eu apanhava eram espinhos, ou seja, as mexericas eram elas próprias, e ao mesmo tempo, espinhos. Mas minha mãe ficava lá de baixo dizendo que as melhores estavam mais ao alto. Embora eu soubesse disso, era impossível que eu subisse até o alto, pois os galhos não aguentariam e eu cairia de lá. Minha mãe insistia, e ela própria subiu na árvore ao lado tentando pegar as frutas para mim. Eu sabia que, se quisesse aqueles cítricos, teria de descer e pegar um pedaço de pau

> comprido, como normalmente se deve fazer. Mas minha mãe insistia, e vi que ela iria cair e se machucar muito, senão até morrer. Ralhei muito com ela, e fiz com que ela descesse de lá.

Esse sonho mostra uma progressão importante, já que o sonhador sobe, ele próprio, na árvore, toma a tarefa para si e sabe do que precisa para alcançar as frutas do alto. Ele demonstra uma atitude mais amadurecida, pois reconhece os riscos de tentar pegar as frutas lá de cima e sabe que pode pegá-las com o auxílio de uma vara. Dessa vez, portanto, não há quedas! Entretanto, as "frutas" que ele coleta agora são ao mesmo tempo espinhos, são frutas-espinho, e isso é de importância capital, pois quando o homem amadurece ele é capaz de lidar não apenas com o aspecto sucoso, mas também com o espinhento da vida (da *anima*). É característica da infantilidade querer sempre o que é suave e doce da vida, mas a condição adulta não pode prescindir dos espinhos. É também importante o fato de ele não ter de, necessariamente, aniquilar o *complexo materno*, mas de colocar um limite para ele. Os filhos com *complexo materno* positivo estão sempre tentando atingir as metas que suas mães lhes impõem, por mais fantasiosas, irreais ou perigosas que possam ser. Aqui, o sonhador é capaz de fazer o que lhe faculta com a capacidade do momento.

Os desafios do herói

Mas voltemos ao nosso conto inicial. Na sequência, antes da chegada do Jaguar, temos uma situação típica de isolamento, provação, penúria e resistência que o herói frequentemente tem de enfrentar. Somos informados de que Botoque ficou preso no ninho das araras e, para que não morresse, teve de se nutrir de suas próprias fezes e urina. Em algumas versões desse conto, tomamos conhecimento de que a ave defeca sobre ele, de forma que fica coberto de fezes, e vermes começam a brotar de seu corpo.

Estamos aqui diante de uma imagem arquetípica, cujo valor psicológico é incomensurável para qualquer indivíduo que é corajoso o bastante para topar seu próprio destino. Após romper com sua condição prévia, ou seja, após se dar conta de que é necessário se separar de sua condição rotineira e, talvez, estanque de vida, o homem se atira no mundo novo onde ele deve encarar os desafios do desconhecido. Quem quer que tenha experimentado tal provação não tem como não se sentir desesperado, isolado e sozinho.

A imagem de Botoque alimentando-se a partir de seus próprios excrementos tem um apelo simbólico muito importante, pois ela fala da solitude e da completa falta de recursos externos com que o indivíduo tem de se haver em tais condições. Alimentar-se, pois, dos próprios excrementos significa, psicologicamente falando, que o único suporte que o indivíduo deve contar em tais momentos tão marcantes em sua vida é o que ele traz e processa dentro dele próprio. Nessas situações, o que se tem a fazer é ponderar acerca de sua condição existencial, processar as impressões que se obtém de si mesmo e aí, então, reconsiderar novamente o que deve ser aproveitado ou descartado de sua constituição. Essa é uma atividade de autoescrutínio que deve ser repetida um sem-número de vezes. É, numa linguagem alquímica, um processo de autodestilação contínua da própria subjetividade. Deve ser mesmo uma tarefa de autoinvestigação que se reinicia continuamente, até a extração da *quintessência*. Essa condição de isolamento de Botoque é ratificada pelo fato de a esposa do Jaguar chamá-lo *Meonkratum*, uma palavra que indica a pessoa que fora abandonada.

A versão (LÉVI-STRAUSS, 2004: 97) na qual ele fica recoberto pelos excrementos, exala odor terrível e tem os vermes brotando de sua cabeça é um desenvolvimento ulterior da alegoria do processo de autorrenovação. Isso pode ser compreendido como um decaimento (apodrecimento) e uma morte simbólica necessários em qualquer processo de rejuvenescimento e renascimento para uma nova vida, ou seja, para aquisição de uma nova consciência. Isso nos remete ao processo de decaimento de Osíris que, no *Livro egípcio dos mortos*, é denominado Senhor da Putrefação e Senhor dos Pântanos. Em seu filho, uma nova vida ressurge e floresce e, nele, a morte é definitivamente conquistada. Assim, se o indivíduo for capaz de suportar tais desafios, sustentar-se na sua solidão, resistir às dores e privações corporais, então, algo diferente pode se desvendar diante dele, *Deo concedente*.

O animal benfazejo

A próxima imagem mostra a aproximação do Jaguar lá embaixo, trazendo consigo algumas armas e diferentes tipos de caça. Agora, temos um outro conjunto de forças atuando, pois, ao invés da repulsão que se instalou entre as duas figuras iniciais, verifica-se uma atração entre o rapaz e o felino. O Jaguar acaba por convencer Botoque a descer da árvore para se juntar a ele. Numa linguagem psicológica, poderíamos entender essa imagem como uma necessidade de reunificação daquilo que fora separado. O que então alcançou algum nível de diferenciação, ou seja, o que foi capaz de se libertar de um estilo prévio de vida e prevaleceu no processo de maturação/transformação, deve agora descer, vir à terra, para que seja realizado. Na verdade, esse motivo é muito frequentemente observado em contos fantásticos ao redor do mundo e representa as fases do *sublimatio* dos alquimistas. Não haveria progressão na vida se aquilo confuso, caótico, não passasse por um processo de separação e elevação. A ascensão aqui deve ser entendida, portanto, como a possibilidade de se obter uma outra visão do que está problematizado abaixo, numa condição de *massa confusa*. Ao se alcançar, pois, um certo nível de diferenciação, caracteriza-se então o *sublimatio minoris*. Mas aquilo que se obtém lá do alto deve ser trazido para a esfera da realidade a fim de ser vivido no mundo empírico. Há que se coagular o novo entendimento, e essa é a fase que se denomina *sublimatio maioris*. Assim, temos a reaproximação entre o mundo de cima e o mundo de baixo, não exatamente como uma simples regressão (como o teria sido num possível reencontro com o cunhado), mas na imagem de um ser fantástico e numinoso, o Jaguar. Dessa forma, ainda que aqui na terra, essa reunificação acontece em outro nível.

Ao lograr que Botoque descesse do ninho, o Jaguar, "de maneira amigável", diz a Botoque para montar nas suas costas e o conduz para sua habitação. Essa imagem também tem um valor psicológico por duas razões. Primeiro, ela ilustra que, diante de alguns desafios importantes que a vida impõe, o indivíduo nem sempre parece prevalecer a despeito de lutar com todos os recursos que lhe são facultados. Apesar de sobreviver, o ego alcança seu limite, levando a crer que não há mais nada que possa garantir-lhe a condição existencial. Chega-se a um limite, a um *cul-de-sac*, a uma total estagnação. Mas, a seguir, o inesperado, na forma de um fenômeno sincronístico, acontece. Quase sempre surge uma figura de um ajudante inusitado, uma saída improvável, ou seja, uma solução misteriosa. Esse é o segundo aspecto importante dessa imagem, posto que se relaciona à emergência do conteúdo autônomo do inconsciente a se revelar em seu aspecto benfazejo. O Jaguar, visto sob essa lente, pode ser identificado como um deus que transcende tanto o reino puramente animal quanto o domínio dos humanos. Ele pertence ao universo dos instintos, uma vez que é um jaguar, um felino, mas, ao mesmo tempo, ele é o guardião de algo de grande valor cultural, portanto, espiritual. Botoque, por ter resistido a todas aquelas provações, foi então agraciado com uma disposição auspiciosa do inconsciente que o conduziu, de maneira prospectiva, em direção a algo novo e revolucionário. Vale ressaltar que o inconsciente atua de forma favorável em relação à consciência sempre que o ego age de maneira adequada diante dos conteúdos que aquele lhe oferece. Daí a "maneira amigável" da deidade.

Devemos lembrar, contudo, o perigo dessa situação. Mesmo diante das "melhores intenções", aquilo que pertence à esfera humana se encontra sempre em risco de ser reabsorvido de volta pelo inconsciente, caso não haja disposição e desejo sólidos o bastante para o processo de diferenciação. Quando a narrativa alcança as dependências do Jaguar, a questão relacionada à pré-consciência fica mais evidente. O aspecto animal/instinto da vida parece estar energeticamente mais robusto, enquanto que o humano menos definido. Nesse domínio, a humanidade é muito fracamente representada, e fica evidente que esse deus quer paternar Botoque. Pode-se dizer que talvez haja uma intenção que se enrobustece em direção à humanização, mas o contrário também pode ser verdadeiro. Temos a informação de que a Jaguara é também, ou já fora, uma mulher e ela continua com comportamento contrário ao que seja humano. Portanto, estamos sim diante de uma condição limiar em que a existência e a progressão daquilo que é humano pode ser tanto sancionada quanto vetada. Desse modo, fica mais fortalecida a hipótese de que esse conto esteja mesmo concernido com a estruturação da consciência.

A questão do teriomorfismo

Nos contos ameríndios, essa situação de *identificação psíquica*, em que os seres humanos encontram-se amalgamados ou não claramente diferenciados dos animais, plantas e minerais, é bastante comum. Mas a compreensão simbólica da presença de animais (teriomorfismo) e a relação deles com os seres humanos em lendas, mitos, contos de fada, sonhos, ou quaisquer outros materiais associados ao domínio psicológico não é uma empreitada tão simples.

Algumas vezes os animais podem ser compreendidos e acomodados em determinados contos como se fossem imagens de deuses; como epítomes da vida instintiva. Animais são seres pios, pois cumprem rigorosamente seu destino sem se desviarem do curso de vida que lhes seja próprio e, desse modo, se colocam como figuras paradigmáticas para o *processo de individuação*. Eles são os bastiões do conhecimento eterno contido na Natureza e sua presença em sonhos e contos está associada com a área dos instintos que deve ser melhor compreendida na vida consciente. Essa situação é particularmente observável em contos que pertencem a grupos de pessoas cuja cultura já tenha alcançado uma certa sofisticação, como é o caso dos CFC. Usualmente, ao se fazer cultura, há um corte inexorável e alienação em relação aos instintos que, não obstante, cedo ou tarde, clamam seu lote, já que a vida requer totalidade. Dessa maneira, os animais presentes em tais narrativas representam, muitas vezes, aquilo que está faltoso ou em necessidade de ser integrado à vida consciente. Nesse cenário, eles são de grande auxílio e sempre se deve ouvir o que eles têm a "dizer". Eles normalmente ajudam bastante os seres humanos a passarem pelas provações, uma vez que estão em perfeita sintonia com a Natureza. Ou melhor, eles são a própria natureza e estão totalmente alinhados com o fluxo vital.

Não é incomum, contudo, que num dado momento durante uma narrativa fantástica, o herói (modelo de funcionamento do ego) deva sacrificar seu animal colaborador. Isso significa, em primeiro lugar, que ele representa a fonte de vida que necessita passar por um processo de transformação (ser morto) para que possa frutificar. O sacrifício do touro mitraico, do cavalo hindu ou mesmo do cordeiro do cristianismo são bons exemplos dessa situação. De seus corpos pode derivar toda sorte de elementos que se revelam fundamentais para o provimento da vida humana. De modo simplificado, o que ainda *está* animal em tais narrativas é aquilo que por enquanto não se tornou humano!

Mas eles também devem ser mortos para que se evite alguma forma de identificação. Um líder, por exemplo, deve ser corajoso e decidido como um leão, mas não deve identificar-se com suas qualidades devoradoras e avaras. As características do leão devem se adequar para que possam fazer parte da esfera humana de atuação. Há determinadas situações nos contos em que aquilo que aparece sob a forma de um animal aponta para um aspecto do homem cuja humanidade foi perdida. Ele se tornou bestial ou se encontra prisioneiro de uma vida puramente instintiva, tal como a sexualidade desenfreada, glutonia, ira, ferocidade etc. Nessas condições, o extermínio do animal parece ser necessário ou, talvez, o simples ato de cortar algumas partes de seu corpo (usualmente as patas ou a cabeça) possa resolver tal possessão.

Há circunstâncias, contudo, em que as qualidades humanas podem ter sido transformadas em animais justamente porque não foram aceitas ou acomodadas no estilo de vida corrente. No seu desenvolvimento, a consciência do ego corre o risco de passar por um processo de progressiva sofisticação, de forma que a totalidade da experiência do viver se mostra mutilada. Portanto, o que é apresentado como animal é apenas um disfarce para aquilo que se encontra em sofrimento em nós e clama por ser redimido. Diversas formas de comportamento neurótico ou sofrimento psíquico podem ser compreendidas sob essa ótica como, por exemplo, o príncipe que fora transformado em sapo ou numa besta monstruosa, ou nos casos dos híbridos de humanos com animais, tais como os lobisomens e as sereias. Na clínica diária não é incomum que se apresentem indivíduos que padecem por serem identificados como baleias, vacas, porcos, veados, lobos, ratos etc.!

Como dito, nos CFC pode-se deduzir da narrativa que exista uma certa estruturação da consciência coletiva. Dessa forma, o modo com que lidamos com os animais em tais estórias pressupõe que exista uma disposição egoica que possa estar ameaçada em sua integridade, empobrecida, ou que tenha mesmo se tornado demasiadamente unilateral. Consequentemente, tal consciência encontra-se em risco de dissociação, atrofia e obliteração.

Já nesse conto ameríndio brasileiro, a questão da consciência egoica prefigurada em Botoque se encontra ainda bastante incipiente e, também, em situação de risco. Entre os seus, o fato de desconhecerem o fogo, a carne moqueada, o forno e as armas pode ser compreendido aqui como alegorias que atestam uma condição de estruturação de consciência e cultura em processo. O inconsciente figurado nos animais de tais narrativas, apesar de serem os guardiões de bens importantes, também representa uma ameaça para a formação da consciência. É esse protótipo de ego que se encontra numa condição de perigo. Como dito, a situação da Jaguara ratifica a tentativa abortada de se estruturar a consciência humana. Há um outro conto indígena entre os Marubos do norte do Brasil (MELLATI, 2018) que revela que, quando os seres humanos deixam o fogo se extinguir, eles são transformados em animais, ou mesmo plantas. Fogo aqui, então, é quase sinônimo de humanidade/consciência.

Esse cenário de pré-consciência e de comunhão com a natureza pode ser melhor ilustrado ao se analisar a situação observada entre os índios Kaingangs, do sul do Brasil. De acordo com Curt Nimuendaju, esses índios tinham uma alma que invariavelmente pertencia ao jaguar e, portanto, eles "não eram comparáveis aos jaguares; ao invés, eles eram jaguares, apenas disfarçados de humanos" (NIMUENDAJU, 1987: 37). A ligação entre os Kaingangs e esses animais era bastante concreta e, dentre aqueles que sonhavam com jaguares, os denominados *mĩ-ñantí*, essa ideia era tão arraigada que, quando em situação de guerra, eles se pintavam e urravam como felinos para perseguirem suas presas: "[...] e isso não é meramente simbólico, eles verdadeiramente revelam sua natureza de jaguar nessa oportunidade", enfatizou o antropólogo. Tal identificação pode se tornar tão intensa a ponto de os *mĩ-ñantí* se tornarem *mĩ-vẽ*, ou seja, a pessoa que vê jaguar, situação essa que, aos nossos olhos, parece um distúrbio mental. O camarada *mĩ-vẽ* se crê amado pela filha do Senhor Jaguar Branco (*Mi-g-tan-fi*) e, então, vaga solitário mata adentro, separado de seus parentes e amigos. Vivendo de forma mais selvagem ainda, ele espera encontrar o caminho que eventualmente o levaria até a jovem Jaguara. Mas, ao invés disso, ele acaba perecendo nessa condição.

O complexo materno

Quando nos CFC somos confrontados com a necessidade de se matar o animal, isso normalmente deixa o leitor com um sentimento de compaixão ou tristeza. Ficamos com a impressão de que o herói se comportou de maneira ingrata em relação àquele ser que outrora fora seu amigo, companheiro e ajudante. Parece não haver nenhum eros na relação, mas apenas uma disposição pragmática. Mas o que se aprende com isso é que há situações na vida em que um excesso de sentimentalismo pode, muitas vezes, comprometer o processo de transformação. No percurso do fazimento da consciência, a separação, a discriminação, ou seja, uma disposição do tipo "espada" é muitas vezes necessária. Se o indivíduo se permite uma compaixão excessiva, tal como se observa diante de um complexo materno muito forte, todo o processo transformativo é prejudicado e mesmo abortado.

Aqui, nesse conto brasileiro, a lida com o animal não evoca, contudo, qualquer senso de piedade no que diz respeito à Jaguara, já que ela se comporta de maneira ameaçadora em relação a Botoque. Ela precisa, sim, ser aniquilada, uma vez que representa um caráter de possessão, como amplificado anteriormente. A esposa do Jaguar é uma figura bastante emblemática nesse conto porque representa aquilo que verdadeiramente se mostra indiferenciado (ou que tenha perdido totalmente a capacidade de diferenciação). Psicologicamente falando, seria ela um aspecto da humanidade que regrediu a um nível animal ou um encruamento da humanização da imagem arquetípica relativa aos instintos? De qualquer modo, ela se comporta de forma muito hostil em relação a Botoque (ao que é humano) e, portanto, é compreensível porque, no conto, ela merece a morte, e ponto-final! Ela não se mostra em necessidade de redenção; ela deve ser aniquilada.

Simbolicamente, contudo, essa Jaguara/Mulher representa o aspecto feminino da Natureza que não está diferenciado na psique. Ela é uma alegoria do princípio materno e devorador que sempre ameaça o jovem rapaz no seu caminho em direção a se tornar um homem adulto e independente. Ela é um análogo da esfinge de Édipo ou da leoparda do conto "Uma paixão no deserto" (BALZAC, 2018), e que precisa ser vencida. Com alguma frequência o homem se crê poderoso em função da ratificação que sua mãe lhe confere ao longo da vida e, vislumbra, em algum lugar de sua psique, tomar o lugar do pai "casando-se" psicologicamente com ela. Essa é a famosa armadilha de Édipo que tipifica o comportamento neurótico do filho, o qual não é capaz de cumprir seu destino e acaba sendo reabsorvido no colo da mãe. O problema com o herói grego é que ele se permitiu emaranhar-se com esse ser humanoide, a esfinge, e eventualmente sucumbiu ao complexo materno. Tivesse ele sido homem o bastante, como Botoque, teria simplesmente sacado de sua espada e decapitado a besta felina, resolvendo a questão. O que Édipo, infelizmente, fez foi matar a representação e o modelo de comportamento masculino quando ele acaba por assassinar o próprio pai.

De volta ao conto, também verificamos que é exatamente do inconsciente que a intenção de ratificar a existência humana se origina. É o Jaguar quem diz a Botoque para atirar a flecha em sua esposa se as ameaças continuarem. Novamente, reafirma-se o que, na psicologia analítica, se diz sobre o fato de os deuses "quererem" os seres humanos para se realizarem, ou que o inconsciente anseia por uma consciência egoica para que sua enteléquia se concretize.

Constatamos, contudo, que Botoque age, uma vez mais, de uma maneira que nos parece completamente desconsiderada para com o Jaguar. Após matar sua esposa, o rapaz rouba o fogo, as armas e a carne moqueada, e foge de volta para sua aldeia. Eis aqui o roubo do fogo dos deuses; eis aqui a diferenciação! Psicologicamente, esse é o momento em que a criação da consciência se coagula. Essa é a circunstância em que o inconsciente "permite" o inevitável nascimento de algo distinto de si. Poderíamos arguir por que os deuses não se voltam ao encalço dos homens que lhes roubam o fogo e os seus bens, e simplesmente não os aniquilam. Não seriam os deuses bem mais poderosos, mais oniscientes e onipresentes quando comparados aos humanos? Uma reposta plausível para essa questão talvez resida no fato de que esse roubo já fora previsto pelos deuses como parte do interesse deles em fomentar e, sobretudo, aperfeiçoar aquilo que eles outrora deixaram criado. E eles sabem que precisam do homem para que tal tarefa seja realizada! No dito "Vós sois deuses" (Jo 10,34; Sl 82,6), fica implícito que a consciência humana se encontra profundamente ligada ao processo de continuidade do ato criativo uma vez engendrado pelos deuses. Na tradição alquímica diz-se: "Quod natura relinquit imperfectum, Ars perfecit"[3].

Não obstante, a consciência humana necessita guardar certa distância dos deuses. E é por isso que o Jaguar então decide, a partir daquele momento, nunca mais comer carne moqueada, apenas crua. O deus Jaguar desiste de sua vida compartilhada com os seres humanos e estabelece um tipo de oposição em relação àquilo que pertence ao gênero humano (ou como na lenda grega em que os deuses se retiraram do Olimpo após o roubo do fogo por Prometeu). Do fogo, do qual uma vez foi o dono, permanece com ele apenas o brilho do seu olhar que pode ser visto até nas noites. Esse é um mêmore que permite à humanidade lembrar-se de que é ele o dono do conhecimento, é ele o deus de onde brota toda fonte de criatividade.

Mais tarde, o sonhador teve um outro sonho em que o sacrifício e a eventual assimilação da prerrogativa divina foi apresentada *pari passu* com o engatinhar da consciência:

> Um menino, aparentando mais maduro do que realmente o era, engatinha feito um felino. Ele está caçando um pequeno guepardo. Essa criança então salta e arranca a

---

3. O que a natureza deixou imperfeito, a arte aperfeiçoa.

> cabeça do felino com uma mordida. Após a decapitação, ele se alimenta desse animal.

Podemos observar com essa derradeira imagem que aquilo que existe em prospecto na psique do sonhador, a criança, não se encontra em perigo de ser atacado pelo felino. O pavor do poder da Grande Mãe se apresenta relativizado, visto que sua representação é de menor tamanho na figura de um filhote. Ao contrário, é essa prospectividade da nova conscientização nele próprio (a criança que engatinha) o que cabalmente despotencializa a urdidura mental da Grande Mãe, ou seja, sua disposição autônoma na psique do sonhador. Fica delineada no sonho a possibilidade de o sonhador se tornar mais cônscio acerca das forças que atuam de maneira regressiva em relação ao seu desenvolvimento psicológico. A criança, ceando do felino, é uma sugestão ulterior de que a integração do complexo materno é possível.

Conclusão

A narrativa da conquista do fogo pelo homem sempre foi um tema que registra um marco cultural e civilizatório tão importante quanto a manifestação da necessidade dos ritos funerários, e mesmo da utilização da roda. Cada uma dessas aquisições fala de momentos distintos e intenções específicas oferecidas pelo inconsciente que, em consonância com um dado estágio de desenvolvimento do ego, encontra o momento adequado para se realizar.

Esse conto ameríndio do roubo do fogo nos permite mergulhar num momento em que a consciência está no seu primórdio e que alguma diferenciação entre homem e natureza dá os seus primeiros passos. Não obstante, sua temática permite que se faça uso dele para as situações do homem moderno, que se encontra ainda completamente inconsciente de um tipo de "fogo" que lhe poderia trazer uma profunda transformação no seu aparelhamento psíquico.

Referências

BALZAC, H. *A passion in the desert* [Disponível em http://www.gutenberg.org/files/1555/1555-h/1555-h.htm – Acesso em 05/01/2018].

CÂMARA CASCUDO, L. *Geografia dos mitos brasileiros*. São Paulo: Global, 2012.

CUNHA, I. *O feminino aprisionado nas frutas*: uma interpretação junguiana. Independently Publisher/Amazon.com, 2017.

JUNG, C.G. *The Collected Works of C.G. Jung*. Nova Jersey: Princeton University Press, 1970 [Bollingen Series, XX] [Trad. para o inglês R.F.C. Hull; ed. H. Read, M. Fordham, G. Adler e W. McGuire]. Vol. 1-20, referidos pela abreviatura CW, seguida do número do volume e do parágrafo].

LÉVI-STRAUSS, C. *O cru e o cozido* – Mitológicas 1. São Paulo: Cosac Naify, 2004.

MELLATI, J.C. *Outras versões de mitos craôs* [Disponível em http://www.juliomelatti.pro.br/mitos/m09fogo.pdf – Acesso em 05/01/2018].

NIMUENDAJU, C. *As lendas da criação e destruição do mundo como fundamentos da religião dos Apapocuva-Guarani*. São Paulo: Hucitec, 1987.

REINA, R. & KENSINGER, K. *The Gift of Birds*: Featherworking of Native South American Peoples. Filadélfia: The University Museum/University of Pennsylvania, 1991.

RIBEIRO, D. *O povo brasileiro* – A formação e o sentido do Brasil. São Paulo: Companhia das Letras, 1995.

VILLAS BOAS, O. & VILLAS BOAS, C. *Xingu, os índios e seus mitos*. Rio de Janeiro: Zahar, 1979.

VON FRANZ, M.-L. *Creation Myths*. Boston: Shambhala Publication, 1995.

______. *Alchemy*: An Introduction to the Symbolism and the Psychology Studies in Jungian Psychology. Toronto: Inner City Books, 1980.

Contato com o autor
Rua Pernambuco 593, apto. 500
30130-151 Belo Horizonte, MG
E-mail: inacutex@gmail.com

6 Os filhos da onça: um mito do povo Bororo

*Isabela Fernandes**

Introdução

Este trabalho pretende analisar um relato mítico da tradição do grupo ameríndio dos Bororos orientais, a lenda dos gêmeos Bakororo e Itubore. Os Bororos pertencem ao tronco linguístico Macro-Jê e hoje habitam a região do planalto central do Mato Grosso, em terras indígenas demarcadas. Os Bororos são pescadores, caçadores e coletores, embora possuam uma agricultura de subsistência. Até o fim do século XIX havia dois grupos bororos distintos, o grupo oriental e o grupo ocidental. Os chamados Bororos ocidentais sofreram contínua agressão dos colonizadores brancos que povoaram as regiões de Cáceres e de Vila Bela e foram considerados exterminados. Os Bororos orientais sobreviveram graças à proteção das missões salesianas no início do século XX. Atualmente, resta apenas um pouco mais de mil indivíduos vivendo em seis aldeias protegidas.

---

* Professora do Departamento de Letras e do Departamento de História da PUC-Rio; doutora em Literatura pela PUC-Rio; autora de diversos artigos e publicações, entre os quais o livro de poesia *Linho de urtigas*; membro honorário do Instituto Junguiano do Rio de Janeiro (IJRJ).

Segundo Schaden (1970: 91), a narrativa dos heróis Bakororo e Itubore vem a ser uma das mais importantes das tradições dos Bororos. Ela está associada a aspectos cruciais na vida da comunidade. Os dois gêmeos figuram como os espíritos supremos dos Bororos, e são os fundadores míticos de determinados cultos e ritos de iniciação, assim como teriam sido também criadores de enfeites e artefatos fundamentais dos caçadores. Como veremos no mito a seguir, os dois heróis são filhos de uma onça. Por isso eles são também os ancestrais míticos do clã totêmico das onças, ao qual pertencem os dois chefes tribais até os dias de hoje.

O mito de Bakororo e Itubore, assim, consagra e legitima aspectos fundamentais da própria organização social do grupo, centrada na prática da caça e na partilha do poder entre dois chefes. Somente se tornam chefes os homens Bororos que pertencem ao clã das onças. A cada vez que os dois chefes são entronados, eles "encarnam" os dois heróis. Nessa ocasião os dois chefes dançam imitando os gêmeos, usando os enfeites que eles inventaram, e pintando seu corpo com as listras de onça que caracterizavam o corpo dos heróis na narrativa. Como escreve Schaden:

> De todos os mitos heroicos dos Bororos, o mais importante é talvez o de Bakororo e Itubore. [Eles] constituem "o objeto primordial do culto desenvolvido pela religião bororo, sendo não somente representados em várias danças rituais por jovens índios, como também invocados em cantos religiosos" [...]. A mitologia dos Bororos fornece, assim, ótimo exemplo da função dos heróis míticos como fonte de autoridade, quer da autoridade social das instituições e dos costumes que regem a vida da tribo quer da própria autoridade pessoal dos chefes da aldeia (SCHADEN, 1970: 91, 94).

O mito

A seguir será apresentado um livre-resumo da narrativa tal como ela é relatada por Costa e Silva em sua coletânea de mitos ameríndios do Brasil intitulada *Lendas do índio brasileiro* (1985). A versão de Costa e Silva se esforça por manter o caráter de oralidade dos relatos indígenas originais, o que a torna particularmente interessante para uma compreensão mais profunda da riqueza dos símbolos dessa narrativa[1]. Vamos aqui fazer um recorte no mito e nos ater aos episódios que mais nos interessam, remetendo nosso leitor à deliciosa leitura de Costa e Silva para uma visão mais completa da lenda.

Um índio foi à floresta recolher o leite da árvore da gameleira e foi atacado por um *adugo* (onça). O índio era muito forte e travou uma luta com a onça que demorou a manhã toda. O índio já estava exausto, não aguentava mais lutar, então pediu ao adugo para deixá-lo livre. O adugo disse que o deixaria ir embora caso o índio lhe desse a sua linda filha por esposa. O índio concordou de imediato. A onça avisou para ele dizer à filha que morava muito longe, na última caverna da trilha da floresta.

O relato continua com a onça avisando ao índio que ele alertasse à filha para não errar o caminho e entrar na toca errada de outro bicho. Segue-se uma longa, detalhada e bizarra descrição do adugo sobre todas as tocas de outros animais – a

1. O relato dos gêmeos míticos dos Bororos apresentado por Costa e Silva foi baseado na obra dos padres Colbacchini e Albisetti publicada em 1942 pela Companhia Editora Nacional. Nessa obra, os dois padres missionários, com a colaboração do índio Tiago Aipobureau, apresentam narrativas colhidas diretamente dos indivíduos da comunidade (COSTA E SILVA, 1985: 43; SCHADEN, 1970).

irara, o gato-do-mato, o lobo, a jaguatirica, o puma –, pelas quais a menina passaria. A onça avisou que todas aquelas tocas eram muito parecidas, assim como os animais que nelas habitavam, então a menina devia ficar muito atenta para não errar de toca e se casar com o bicho erado. Quando o índio chegou em casa, ele chamou a filha e disse:

> – Minha filha, minha filha, o adugo venceu-me, mas deixou-me livre com uma condição: somente quando lhe prometi que tu serás sua esposa. Portanto, vai e sê a esposa do adugo. Ele está naquela direção, na última caverna que se acha no caminho (COSTA E SILVA, 1985: 39).

Então o índio repetiu toda a ladainha antes descrita pela onça, alertando muito à filha para não errar de toca. A moça então tomou o rumo da caverna da onça para se casar. Ao longo do caminho, a jovem realmente encontrou muitas cavernas de vários bichos. Todos os animais tentaram enganá-la dizendo ser a própria onça, e a convidaram para entrar na sua toca e passar a noite lá. Mas como a moça era muito esperta e seguia as instruções de seu pai, ela observava bem o animal, percebia que o bicho não era a onça e fugia da toca. Nesse trecho do mito há outra longa sequência de repetições que contam como a moça encontrava cada bicho e como ela, em seguida, conseguia fugir a tempo de não se casar com um falso marido[2].

---

2. Essas duas cantilenas idênticas constituem repetições típicas das narrativas orais indígenas, que muitas vezes interrompem a sequência principal de eventos da estória para enumerar ações e elementos aparentemente secundários, mas que importam por constituírem referências a aspectos rituais, religiosos ou institucionais de grande importância para a cultura em que se insere a lenda. Processo semelhante pode ser encontrado em algumas narrativas orais de outras partes do mundo, como a *Epopeia de Gilgamesh* ou a

A jovem continuou a jornada, até que chegou à casa do adugo verdadeiro. Ele a convidou a entrar na caverna e ela passou a noite lá. Ao amanhecer, a moça observou bem a pelagem do animal e viu que era de fato o adugo. Então eles se casaram. O adugo era muito amável para ela e não a machucou. Pouco tempo depois ela ficou grávida. Um dia, quando ela já estava prestes a parir, a onça foi caçar e avisou para ela não rir enquanto ele estivesse fora porque ela corria perigo de vida.

Passado um tempo, a moça escutou uma voz feia e ridícula falando coisas grotescas. Ela tentou conter o riso, mas em dado momento sorriu um pouco. Imediatamente sentiu dores terríveis e caiu morta. Era o *marugoddo* (uma larva grande) que tinha feito isso para matá-la[3]. O adugo chegou em casa e ficou muito triste quando viu a mulher morta. Rasgou o ventre dela com suas garras e tirou de lá os dois gêmeos nenéns, que ele chamou de Bakororo e Itubore. Colocou os dois dentro de uma cabaça, fechou bem e foi embora.

Alguns dias se passaram, e o adugo achou que os filhos já tinham crescido e podiam sair da cabaça. Abriu a tampa e viu que os meninos eram bonitos e possuíam aspectos de onça. Ambos tinham listras transversais vermelhas e pretas, alternadas; tinham pés e pernas negras até o joelho, e mãos e bra-

---

Ilíada, de Homero. Além de sua importância como pano de fundo ritual ou institucional da narrativa, tais repetições e descrições fazem parte do repertório de frases feitas de que o poeta dispõe para facilitar a memorização oral de seu canto.

3. Numa longa nota de pé de página, Costa e Silva explica que *marugoddo* é o nome de uma enorme lagarta de borboleta, tão nojenta que inspira pavor nos índios, e que aparece no mito também como a avó da onça. Esta velha é quem aparece à moça para contar coisas grotescas, provocando seu sorriso e sua morte (COSTA E SILVA, 1985: 44).

ços negros até os cotovelos. Na narrativa de Costa e Silva, os traços animais das crianças são enumerados detalhadamente com o intuito de assinalar que aquelas marcas eram também insígnias de poder e de superioridade dos dois. Quando os meninos saíram da cabaça, o pai deu de comer a eles. Comeram e perguntaram pela mãe:

> – Nosso pai, nosso pai, onde está nossa mãe?
>
> – Vossa mãe morreu porque riu quando ouviu a voz do marugoddo.
>
> Ouvindo isso, os dois irmãos resolveram matar o marugoddo para que fosse queimado (COSTA E SILVA, 1985: 41).

O marugoddo, que era a avó da onça, então começou a queimar e a estalar os ossos. O barulho atiçou a curiosidade dos jovens, que quiseram olhar a larva pegando fogo. O pai disse que eles não podiam olhar, era muito feio o marugoddo queimando. Mas os meninos desobedeceram e olharam-no; então os fragmentos dos ossos queimados do bicho explodiram nos olhos das crianças, que ficaram cegas. O pai mandou-os se atirarem na água rápido. Quando ambos deixaram a água eles voltaram a enxergar, e seus olhos se tornaram pretos e seus rostos lindos. Quando se tornaram adultos, eles adquiriram características humanas. Saíram então da caverna onde moravam e foram viver alegres no mundo. Mas viram que vários animais perigosos devoravam homens. Então os dois resolvem ensinar a esses animais a parar de devorar homens e comer outra coisa.

Bakororo se tornou xamã e ensinou ao irmão as estratégias para capturar os animais. Eles lutaram com o gavião, o jaburu, os periquitos e papagaios, os peixes e as serpentes porque, naqueles tempos, todos esses animais comiam gente. Em cada luta, Bakororo inventava práticas, objetos e enfeites corporais que iam ajudando-os a vencer o animal. Mas Bakororo não sabia fabricar sozinho tais objetos. Então ele teve de pedir ao irmão, Itubore, para falar com a onça, pois era o pai dos jovens, a onça, quem fabricava materialmente os artefatos. Bakororo era mais inteligente e mais poderoso do que o irmão, que, por sua vez, era obediente e passivo. No entanto, é Itubore quem consegue persuadir o pai onça a fabricar os objetos mágicos. E assim os heróis dominaram os animais com turbantes, espadas, redes, flechas, esteiras, cipós trançados e trajes corporais.

A narrativa vai descrevendo os enfeites e armas que, criados pelos heróis e pela onça nos primórdios, constituem os principais artefatos utilizados pelos Bororos nas caçadas e nos ritos iniciáticos. Os dois irmãos venciam os animais por conta de sua inteligência criativa e do poder mágico desses objetos. Após abater cada animal, Bakororo recitava uma cantilena mágica de xamã para fazer o bicho deixar de devorar seres humanos. A partir daí, os animais não mais comeriam gente, e sim outra coisa. E no fim da estória os homens e os animais passaram a viver em paz.

Bakororo e Itubore como heróis civilizadores

Nas diversas mitologias tradicionais das grandes civilizações da Antiguidade existe frequentemente uma separação muito nítida entre deuses e heróis: os deuses são imortais, onipotentes, vivem em beatitude, em geral moram em um lugar paradisíaco bem longe dos mortais; por sua vez os heróis são mortais, vivem na terra dos homens e são vulneráveis ao sofrimento e à dor. Já nas religiões ameríndias brasileiras, as categorias que separam os deuses dos heróis humanos não são tão claras: os deuses podem se tornar, muitas vezes, mais humanos, podem sofrer e até morrer, ou vir habitar na terra; por outro lado, antepassados míticos mais humanos podem se tornar imortais e se transformar em deuses[4].

Bakororo e Itubore são inequivocamente heróis humanos, filhos de uma onça e de uma índia mortal; no entanto, são as divindades supremas na religião dos Bororos. Para Schaden (1970), os dois gêmeos pertencem ao rol de heróis fundadores e civilizadores. Apesar de serem personificações de forças divinas e espirituais, eles apresentam um aspecto humano muito desenvolvido. O deus supremo não atua em benefício dos homens, e se comporta de forma indiferente ou injusta para com a humanidade. Os "heróis civilizadores", embora muitas vezes possam se apresentar como espíritos divinizados, tendem a ser mais humanos e se comportam de forma generosa, justa e responsável para com a humanidade:

> O deus supremo representa uma totalidade cósmica ou natural, o deus herói representa a ordem social. O herói civilizador apresenta poderes divinos durante a sua vida terrena, e depois desaparece, ou encarna em algum

4. A respeito das fronteiras não muito claras entre as categorias míticas de deuses e heróis humanos na mitologia indígena brasileira, cf. Schaden (1970). Como exemplos da indefinição nas classificações das entidades míticas nas religiões ameríndias, lembro aqui os mitos dos heróis xinguanos, o Sol e a Lua, que são de fato deuses, mas também são nitidamente heróis humanos e civilizadores (VILLAS BOAS & VILLAS BOAS, 1970); também Kanansiuê, o herói civilizador das tribos Carajás, vem a ser um deus supremo, mas por vezes também é nitidamente humano (PERET, 1979).

> animal, ou desiste dos homens [...]. O deus supremo é indiferente e não reverenciado, a personificação da suprema causalidade; a figura do herói civilizador surge da tendência a se estabelecer uma relação direta entre a suprema causalidade e o homem. O ser supremo é egoísta e não se interessa pelos homens. Já o herói civilizador se importa com os homens (SCHADEN, 1970: 23).

Como heróis civilizadores, a função dos dois gêmeos no mito bororo não é criar o mundo, os homens e os animais, porém transformar esse mundo para que seja possível existir a sociedade humana. A narrativa relata que o mundo já existia antes de os dois heróis nascerem, mas a existência humana era praticamente impossível, pois vários animais devoravam gente. Foram os gêmeos que tornaram a vida humana possível graças ao seu domínio sobre as forças selvagens, quando ensinaram aos animais que não podiam mais devorar as pessoas. A coragem e a inteligência de Bakororo e Itubore, assim como os objetos mágicos por eles inventados, puderam conquistar a natureza para benefício dos homens. Assim os dois heróis atuam no mito introduzindo importantes componentes civilizadores e conciliadores na relação entre o homem e a natureza. Essa seria uma função típica do herói civilizador.

A jornada arquetípica dos heróis

Essa narrativa bororo, pertencente a uma das mais antigas comunidades ameríndias do Brasil oriental, é bem similar a vários mitos e contos heroicos de outras culturas. Vemos aqui claramente delineado um padrão arquetípico da jornada do herói que se manifesta nas mais diferentes mitologias dos mais diversos povos. Não há espaço neste capítulo para explorar toda a riqueza simbólica de tal narrativa. Vamos nos ater a certas imagens do mito que mais interessam ao objetivo deste trabalho.

O mito se inicia com uma estória muito frequente em diversas culturas pelo mundo afora: uma jovem virgem é "vendida" pelo pai a um marido animal, ou a um marido misterioso e perigoso. Trata-se da cena arquetípica do rapto da virgem pelo "noivo-monstro" ou pelo "noivo-animal", com o consequente casamento e sacrifício da jovem. Esses mitos constelam uma imagem de morte simbólica da menina, que tem de morrer como criança para se tornar mulher. Esse processo vai ocorrer a partir do encontro amoroso entre uma jovem pura e inocente e um marido divino e ameaçador. A imagem do rapto da noiva expressa um rito de passagem feminino, que envolve o ingresso iniciático da menina no mundo da sexualidade e do casamento compreendido, inicialmente, como uma experiência de morte.

A noiva da onça se parece assim com muitas noivas de outros mitos de diversas culturas: Perséfone, Psiquê, a Bela (do conto *A bela e a fera*), Ifigênia, e tantas outras que são traídas pelo próprio pai e oferecidas como vítimas sacrificais a um marido que, ao mesmo tempo, vai se casar com elas e matá-las. Em artigo que analisa o mito de Perséfone e Hades, Seabra & Muszakt (1985) afirmam que tanto a experiência de iniciação da mulher quanto o casamento, como ritos de passagem que são, mantêm uma relação simbólica intensa com a morte:

> O rapto é, em alguns povos, parte do ritual do casamento [...]. O conhecimento da morte associado ao encontro com o masculino não se refere apenas ao rompimento da unidade infantil mãe-filha. Refere-se também à experiência

> de passagem – a iniciação – ritualizada de tantas maneiras nas diferentes culturas, na qual sempre se conhece um sofrimento e uma vivência de morte (SEABRA & MUSZAKT, 1985: 63-64).

No mito bororo, a virgem vai se casar com uma onça, que vem a ser um dos animais mais agressivos das matas brasileiras, sendo muito temido pelos índios. Quando o ouvinte da narrativa imagina a cena desse casamento, pensa imediatamente que a pobre moça vai ser estraçalhada pela onça. Não é exatamente o que ocorre, pois o animal acaba se tornando um bom marido. Este marido-onça se assemelha simbolicamente a Hades, ao Cupido, à Fera, e tantos outros noivos sombrios que vão "devorar" a sua noivinha inocente, mas acabam se tornando parceiros amorosos[5]. Sob o foco junguiano, esses maridos assustadores expressam uma imagem do masculino – o *animus* – em estado inconsciente e indiferenciado na psique feminina. O casamento, e a consequente transformação do marido-monstro em marido amoroso, correspondem à integração do *animus* na consciência mais madura da mulher.

O relato de Costa e Silva continua narrando que a moça se casou com a onça, não foi estraçalhada, e sim fecundada, e parece ter sido feliz por algum tempo. Então o marido foi caçar, deixou-a grávida e sozinha, e apareceu o terrível marugoddo. Costa e Silva se refere ao marugoddo como a avó da onça. O episódio que conta como a moça morreu ao sorrir para o marugoddo constela uma cena que também se repete em diversos contos e lendas, quando uma jovem princesa, esposa de

---

5. Para uma discussão mais profunda sobre os contos populares ligados ao tema do "noivo-animal", recomendo a leitura de Bruno Bettelheim (1978), capítulo "O ciclo do noivo animal nos contos de fadas" (p. 317-347).

um grande rei, acaba sendo vítima da sua pérfida sogra. Imagens muito parecidas se repetem no conto dos Irmãos Grimm, *Os seis cisnes*, ou no conto de *Cupido e Psiquê*. Em todos eles, a heroína é ameaçada por uma figura materna poderosa e destrutiva que vem a ser a mãe possessiva de seu amado.

O marugoddo é uma larva, um casulo, ou uma lagarta de borboleta, que assusta muito os índios, principalmente as crianças. A larva e a lagarta são seres nojentos que expressam os estados fetais não desenvolvidos, assinalando uma futura vida ainda aprisionada em estágios inferiores de existência. Trata-se aqui da relação entre o marugoddo e o complexo "túmulo-útero" em suas funções ambivalentes de morte e nutrição. Segundo Jung, essa ambivalência é típica do arquétipo da Grande Mãe enquanto fonte original da vida e de nutrição, mas também fonte de sufocação e aniquilamento. Em níveis psíquicos ou culturais mais primitivos, o arquétipo materno pode apresentar um aspecto de obscuridade subterrânea, e se manifesta através de imagens de animais reptilianos e apavorantes, serpentes, túmulos ou sarcófagos (JUNG, 2000: § 157-158).

Sob esse enfoque, o marugoddo do mito bororo estaria representando uma manifestação regressiva e monstruosa do arquétipo da Grande Mãe. Nesse sentido, a morte da jovem pelo marugoddo se remete ao confronto arquetípico entre a filha e a mãe terrível no processo de desenvolvimento da psique feminina. A jovem sucumbe ao poder do marugoddo porque ri de sua voz ridícula e das coisas grotescas que o monstro fala. Essa filha está presa a um aspecto sombrio da imagem materna, aqui também associada a um padrão infantil e rudimentar de sexualidade. A jovem representa o feminino que tenta se libertar dessa mãe primal e obscena para alcançar um padrão de consciência mais elevado. No entanto, ela ri do marugoddo. A cena expressa uma identificação entre a jovem mãe humana e a mãe arquetípica. Assim sendo, a personagem feminina nessa história não alcança um nível mais refinado de individualidade. O poder da jovem se restringe à função geradora; então, quando os gêmeos nascem, ela morre.

A imagem da morte prematura dos pais do herói está presente em diversos mitos e contos populares. Essa cena revela que os caminhos de aquisição de subjetividade e de maturidade no ser humano serão mais facilmente trilhados quando os pais são simbolicamente afastados. Por isso, em mitos e contos do mundo todo, a mãe ou o pai do herói morrem ou desaparecem de cena logo no início da história. Na narrativa dos Bororos, os dois heróis sem mãe são abandonados na natureza para serem criados numa caverna por uma onça.

A imagem mítica do abandono vem a ser um dos arquétipos centrais na mitologia do herói. A cena do abandono revela que, para o indivíduo realizar a sua jornada heroica, ele tem de ser criado o mais longe possível dos modelos familiares e culturais. A criança heroica deve buscar novos significados fora de seu mundo conhecido; por isso, ela será criada em um ambiente oposto ao ambiente dos pais biológicos. O neném abandonado muitas vezes fica oculto em uma caverna ou em um antro obscuro da terra, em geral nutrido por um animal.

Nas mitologias ameríndias brasileiras, os heróis quase sempre são criados por onças e outros animais perigosos em suas tocas. Bakororo e Itubore, ou os heróis Cuat (o Sol) e Iaê (a Lua), da tribo Camaiurá dos povos do Xingu, são filhos de onça e crescem em cavernas. Na narrativa da *Teogonia*, do poeta grego Hesíodo, o pequeno Zeus, quando neném, foi escondido em uma caverna nas profundezas da terra e alimentado por cabras; Atalanta foi aleitada por uma ursa, provavelmente em sua toca; Mowgli foi alimentado por lobos; os gêmeos fundadores de Roma, Rômulo e Remo, foram amamentados por uma loba em uma caverna; o Menino Jesus nasce dentro de uma gruta protegido por ovelhas, um boi e um burro.

Essas cenas lembradas anteriormente invocam em comum uma imagem de conexão entre a criança heroica, os animais, o subterrâneo e as trevas. A associação entre a criança divina e os animais denota a sua intimidade com as forças primordiais e perigosas da natureza. O herói já vai nascer dominando certos aspectos agressivos e selvagens que o ser humano normal nunca vai conseguir dominar. Por sua vez, a relação entre a criança e as cavernas representa um rito iniciático: o herói neném tem de entrar em contato com as profundezas da terra para experimentar uma morte simbólica e renascer em um novo estágio de existência, pois a sua missão heroica é revelar, para os homens, os segredos ocultos na escuridão.

Boechat (2008), ao analisar o mito de Atalanta, explica que o tema mítico da exposição da criança heroica criada por animais vem a ser o prenúncio simbólico do processo de individuação. Este só pode ser realizado quando os modelos dominantes na consciência e na cultura podem ser superados para que sejam integrados os conteúdos excluídos no inconsciente. A fraqueza e a vulnerabilidade iniciais do neném abandonado são compensadas simbolicamente por uma força mágica, visto que o próprio inconsciente, representado por animais selvagens, vai alimentar essa criança, conferindo-lhe o poder de realizar futuramente a totalização psíquica:

> A criança heroica que foi abandonada, e que veio a ser cuidada por animais, pretende significar que o verdadeiro processo de individuação só poderá acontecer fora dos padrões estabelecidos pelos pais [...]. O aleitamento pela ursa, animal totêmico de Ártemis, simboliza o estado de abandono natural, aparente fraqueza, e, na verdade, o grande poder da criança divina. Abandonando as referências usuais do ambiente da família, a heroína irá encontrar em seu próprio inconsciente os fatores de autorrealização (BOECHAT, 2008: 24, 95).

Bakororo e Itubore são filhos de uma onça e vivem numa toca. Sob o foco junguiano, os heróis crescem mantendo uma proximidade muito grande com os espaços inferiores da psique. Uma criança criada e alimentada pelo animal mais perigoso da floresta vai conseguir dominar facilmente as pulsões ferozes do inconsciente. Bakororo e Itubore serão capazes de transformar a energia destrutiva da natureza em proveito do espírito humano.

Os dois jovens, quando se tornam adolescentes, resolvem matar e queimar o marugoddo. Este monstro, sendo a avó da onça, representa um aspecto primitivo do arquétipo materno, como já mencionamos anteriormente. Bakororo e Itubore queimam essa avó lagarta, numa espécie de rito de purificação. Ao ser queimado, o bicho explode e estala os ossos, criando uma imagem de sublimação de um conteúdo aprisionado e indiferenciado. Os heróis conseguem se libertar do casulo infantil e uterino representado pelo monstro e adquirem uma forma humana. Desse modo, eles transformam um poder obscuro em um poder criativo. O estágio da consciência renovada é expresso pela imagem mítica que destaca o belo rosto e os olhos dos meninos: “lindo rosto e olhos pretos”. O marugoddo é a larva de uma borboleta. É exatamente como uma borboleta que os dois heróis se elevam após uma profunda metamorfose, tornando-se dois jovens humanos, fortes e belos.

No episódio da luta contra o marugoddo, o mito afirma que os dois gêmeos desobedecem ao pai e olham a larva queimando. Constela-se aqui uma cena de *hybris* – a desmedida, a transgressão da medida humana –, que caracteriza a jornada de vários heróis de diversas culturas. Por causa de sua desmedida, os meninos são punidos e ficam cegos. A *hybris* consiste em um descomedimento que vai atrair uma punição. No entanto, ela pode expressar uma audácia e uma coragem criativas. Alguns heróis, quando possuídos pela *hybris*, são capazes de romper velhos tabus e preconceitos, renovando assim uma tradição cultural esclerosada. Ao olharem a lagarta queimando, os jovens se apropriam de um segredo terrível e perigoso, mas que tinha de ser revelado para que eles pudessem sofrer a transformação.

Em muitos mitos e contos é comum existir uma proibição sobre algum tipo de conhecimento divino ao qual o homem não pode ter acesso. Trata-se de impedir o homem de olhar ou de conhecer aspectos obscuros da existência. O herói grego Perseu não podia olhar a Medusa de frente, senão ele seria petrificado pelos olhos mortais da monstra. No mito de Orfeu, ele consegue trazer a alma de sua esposa, Eurídice, de volta do mundo dos mortos para a luz do dia, mas durante a sua jornada nas trevas ele não podia olhar para trás, senão correria o risco de perdê-la de novo para os braços da morte. O homem não deve olhar diretamente para o horror que se oculta nas trevas. Bakororo e Itubore não podiam ter visto o marugoddo queimando: é insuportável, para o homem, a visão do aniquilamento existencial.

Mas o herói é aquele que consegue dar um jeito de ver o que nenhum homem comum pode ver. Bakororo e Itubore são punidos e ficam cegos quando olham o marugoddo queimando. Mas o seu mentor e pai numinoso, a onça, revelou o segredo renovador da água. Por intermédio dessa *hybris* dos heróis pode-se compreender que o verdadeiro crescimento não pode ser alcançado se algum limite não for quebrado. Após o mergulho na água, os meninos emergem com novos olhos pretos. A cena expressa a aquisição de um novo conhecimento pelo domínio das trevas:

> – Meu pai, meu pai, quero ver o que acontece.
>
> – Meu filho, meu filho, não olhes.
>
> [...]. Para a água, para a água! Então Bakororo atirou-se na água e saiu com lindo rosto e olhos pretos.
>
> [...] Itubore, com inveja dos lindos olhos do irmão, disse:
>
> – Meu pai, meu pai, também eu quero ver.
>
> – Meu filho, meu filho, não olhes.
>
> [...] Itubore atirou-se na água e saiu com o rosto lindo e os olhos pretos como o irmão (COSTA E SILVA, 1985: 41-42).

Essa imagem denota também um típico rito de passagem. Os dois heróis, como os iniciados adolescentes, devem realizar a passagem da infância ao mundo adulto. Essa transformação será elaborada através da purificação pelo fogo e da dissolução pela água. Fogo e água são elementos sempre presentes nos ritos de iniciação de diversos povos: o fogo incendeia, aniquila e transforma o cereal bruto em pão, a matéria perecível em espírito; a água inunda, dissolve e produz a nova vida. Bakororo e Itubore precisam passar pelo fogo e pela água para realizarem a metamorfose do animal em ser humano.

O mito continua relatando que os dois jovens saem pelo mundo e se dedicam à tarefa de ensinar os animais a não devorarem os homens. Nessa jornada eles atuam sempre em parceria, embora Bakororo se mostre nitidamente superior e mais inteligente do que o irmão. É ele quem tem todas as ideias. Itubore é mais passivo e humilde. Bakororo é poderoso e ativo, Itubore é obediente e simplório, e sua função se restringe a ser a isca e o bode expiatório do irmão para testar as armadilhas que este inventa. O mito destaca certa rivalidade entre eles, mas também revela que um precisa do outro o tempo todo.

O tema da parelha de deuses e heróis míticos se repete constantemente na mitologia indígena brasileira. Em geral, não vemos um deus ou herói atuar de forma solitária. Com frequência o deus ou o herói se duplicam em dois irmãos, dois amigos, pai e filho etc. Na mitologia dos índios Mundurucus, por exemplo, os criadores são um deus pai, Caru, e seu filho, Rairu. Os mitos dos índios do Rio Xingu contam que foram dois irmãos, o Sol e a Lua, que atuaram no início do mundo como heróis civilizadores. O imaginário dos índios parece ser mais afim com a ideia de dualidade do que com a ideia de unidade.

Segundo Schaden (1970: 87-88), nas mitologias ameríndias a dupla de deuses e heróis constitui claramente uma polaridade, expressando em geral tendências opostas. Porém, essas forças contrárias parecem sempre encontrar certa conciliação. Schaden afirma que a dupla de deuses e heróis nos mitos indígenas expressa uma necessidade de personificação dos princípios antagônicos que decorrem da vida em sociedade. Para o autor, os gêmeos do mito bororo expressam uma tentativa de conciliação entre o princípio de competição e o princípio de cooperação que convivem no seio da comunidade. Realmente, parece que Bakororo e Itubore atuam nos limites entre a rivalidade e a parceria. Como afirma Schaden, o mito expressa assim a própria estrutura da organização tribal, fundamentada não no destaque do indivíduo, mas no destaque da coletividade em busca de harmonização das tensões sociais.

Sob uma perspectiva junguiana, podemos ver na parelha de irmãos do mito bororo uma bela metáfora da dinâmica psíquica. Bakororo, o princípio mais consciente, atua inventando, ordenando, coordenando e modificando o mundo. Já Itubore possui mais intimidade com o inconsciente e com a natureza. Bakororo é quem inventa as estratégias e os artefatos para dominar os animais perigosos. Mas ele tem de pedir ao irmão para falar com o pai onça a fim de fabricar os objetos. A narrativa deixa transparecer que Bakororo, com sua inteligência superior, se afastou demais do pai arquetípico em seu processo de humanização, e precisa de Itubore para refazer a comunicação. A onça parece ter uma relação melhor com Itubore, e só fabrica os objetos solicitados quando este último é quem pede. Itubore possui então a função de articular a consciência com as forças instintivas representadas pela onça. A dupla de irmãos expressa forças opostas que, ao invés de se confrontarem, engendram uma perfeita parceria. O mito cria assim uma imagem de integração entre níveis psíquicos originalmente dissociados: de um lado, a consciência e a cultura (Bakororo); de outro, a energia arquetípica e selvagem (a onça); e ambos se conectam criativamente por meio da função mediadora expressa por Itubore.

Quando gente vira bicho

A identificação simbólica do ser humano com animais constitui uma imagem arquetípica muito comum em mitos e ritos de várias culturas. Muitos heróis e deuses, durante a sua jornada, permanecem estreitamente associados a um animal, ou se transformam em animais. Em seu livro *Metamorfoses* (2003), o poeta latino Ovídio relata uma extensa lista de mitos em que seres humanos se transformam em animais: Atalanta se transforma em uma leoa; Ácteon se transforma em um veado; Calisto se transforma em ursa. Nos mitos e contos antigos, assim como na mitologia contemporânea, muitos heróis e heroínas incorporam simbolicamente aspectos animais por intermédio de suas vestimentas iniciáticas. O elmo de leão usado por Héracles, a máscara de morcego do Batman, as garras de lobo do Wolverine, as qualidades aracnídeas do Homem Aranha, a pele de asno da princesa do conto de fadas etc.: todos esses exemplos de fantasias de animais utilizadas pelos heróis denotam um estado de identificação simbólica entre o homem e as forças selvagens. O herói precisa assimilar a energia guerreira e a sabedoria instintiva dos animais para realizar a sua jornada de individuação.

O motivo mítico da identificação entre o homem e os animais obedece também à lógica dos ritos de passagem em geral. Em diversas culturas, os jovens que realizam ritos de iniciação muitas vezes se travestem de animais, ou executam danças que mimetizam os animais, ou se isolam na natureza, ou sofrem um processo simbólico de desumanização em que utilizam marcas de animais. Trata-se da realização de uma etapa fundamental dos ritos de passagem típicos de diversas culturas, de acordo com as reflexões de Van Gennep (2011).

Segundo o autor, o jovem iniciado, que vai passar por uma experiência de profunda transformação, deve sofrer uma vivência de inversão de sua identidade comum e de afastamento em relação às estruturas sociais. São processos que encenam a mudança de *status* social do neófito através de seu ingresso em um espaço de alteridade e liminaridade.

Para Florenzano (1996), durante os ritos de puberdade em algumas regiões da Grécia antiga, rapazes e moças passavam por um período de exílio e de experimentação em que se afastavam da sua família e de sua cidade e ficavam vivendo junto à natureza em estado meio selvagem. Nesse processo, eles ingressavam simbolicamente no território sagrado da deusa Ártemis, patrona dos ritos de passagem da adolescência e divindade da natureza. A partir da documentação descrita por Florenzano sabe-se que, em Atenas e Esparta, os rapazes saíam das fronteiras da cidade e permaneciam durante mais ou menos quatro anos isolados em ambientes naturais, fazendo exercícios ou treinamentos militares, e vigiando as cercanias da *polis*. Os jovens passavam um tempo marginalizados em relação à vida civilizada, vivenciando diversas experiências limítrofes, tais como: vagar à noite e dormir de dia, caçar, viver sem conforto e sem roupas quentes, se alimentar de animais caçados, usar peles de bichos e mantos negros sobre o corpo, ou viver em errância pelas montanhas (FLORENZANO, 1996: 21-40).

O caso dos ritos de passagem das meninas é ainda mais interessante para nosso estudo: na Ática, as jovens deixavam a casa paterna um pouco antes da puberdade e, por um longo período, ficavam morando no santuário de Ártemis, que se situava fora dos limites da cidade. Reclusas nos templos da deusa, as jovens se identificavam simbolicamente com animais. Elas usavam uma túnica cor de açafrão que lembrava o pelo dos ursos, e muitas vezes portavam um capuz ou uma máscara de urso. Em algumas noites, as meninas executavam danças e ritos em que imitavam ursas e vivenciavam momentos de selvageria iniciática. Por isso esse rito era chamado de *arcteia*, que vem do grego *arktos*, palavra que designa "urso".

Florenzano explica que os ritos de passagem da adolescência, nas mais variadas culturas, envolvem esse período de transposição de limites sociais, que vem a ser uma experiência de se colocar "à margem" da sociedade. A iniciação supõe que o jovem tenha um comportamento de inversão em relação aos padrões normais da comunidade, pois ele deve vivenciar a morte de sua identidade anterior para ter acesso a outro nível de existência:

> [...] para se passar de um estatuto a outro, o grupo ou o indivíduo se isola, fica à margem da sociedade, e se comporta de maneira oposta àquela normalmente aceita [...]. A transformação das meninas em ursas na *arcteia* torna-as animais selvagens, o que as faz assumir, portanto, um papel contrário àquele que lhes será atribuído como esposas e mães na sociedade grega. Durante o isolamento as meninas se recolhem para o santuário de Ártemis, numa área fora da pólis, onde passam por um período de experimentação. Dançam nuas e de noite, contrariando o que normalmente deveriam fazer (FLORENZANO, 1996: 26).

Segundo a autora, ao se disfarçarem de ursas, as meninas incorporavam simbolicamente o lado selvagem do ser humano e experimentavam uma espécie de êxtase, de transgressão dos modelos culturais. Essa experiência de transgressão envolvia uma identificação com o mundo selvagem como forma de representação de um sacrifício humano. A menina se identificava com o animal tanto para descobrir em si novos instintos, desconhecidos até então, quanto para representar a morte de sua existência infantil. O adolescente identificado simbolicamente com o animal representa a vítima que será sacrificada. Pois alguma coisa selvagem e infantil dentro dele tem de "morrer" para ele se tornar um adulto. A menina sofria uma morte iniciática para renascer em uma posição social diferente:

> No ritual da iniciação ática da *arcteia*, o fato de as meninas imitarem ou fazerem papel de ursas invoca a ideia de um sacrifício humano [...]. Ao tomar o lugar do animal que fora morto [...] temporariamente assumem o papel da vítima sacrificial (FLORENZANO, 1996: 26).

No mito de Bakororo e Itubore, os dois heróis possuem traços de onça ao nascer. Os corpos dos meninos são marcados com listras transversais vermelhas e negras. Além disso, eles estão isolados na floresta e vivem dentro da toca sombria de uma onça. A cena de afastamento em relação aos padrões sociais é muito clara. E o comportamento dos jovens em toda a sua jornada assinala um estado de marginalização. Eles estão imersos em um plano existencial liminar, em que as regras e ações do mundo cotidiano não estão valendo. Além disso, são protegidos e alimentados por um pai que é uma onça. Configura-se na narrativa o espaço sagrado da alteridade, típico dos ritos de passagem, em que o homem deve submergir nas entranhas misteriosas da natureza para ter acesso a um conhecimento oculto.

Esse mito lembra o exemplo da *arcteia* apresentado por Florenzano. As listras de onça dos heróis e a pele de urso das meninas evocam a identificação simbólica com o animal para que possa ocorrer o mascaramento iniciático do indivíduo. Sob o enfoque junguiano, a utilização de traços animais pelo neófito é um mecanismo ritual que anula a identidade consciente para que se possa resgatar uma energia inconsciente oculta nos estratos inferiores da psique. No mito bororo, como ocorria nos ritos de puberdade gregos, os gêmeos incorporam as forças perigosas da natureza para dominá-las e transformá-las em benefício do homem, pois a identificação do homem com um ser feroz e apavorante é o melhor meio simbólico para o domínio de instintos ferozes e apavorantes. A energia do mundo selvagem, antes numinosa e ameaçadora, é assim integrada pelo ser humano.

Quando os dois heróis matam o marugoddo, eles perdem parcialmente as marcas de onça e assumem a sua humanidade. Trata-se aqui da finalização do rito de passagem, que supõe o acesso do jovem ao mundo adulto depois de ele ter incorporado e dominado instintos primitivos. A saída da caverna, a humanização de suas feições, a morte da "avó" marugoddo queimada, assim como a perda parcial de atributos animais, são símbolos que denotam a aquisição, por parte dos heróis, de uma consciência diferenciada e superior. Tendo passado um período submersos nos recônditos obscuros da natureza, os gêmeos adquiriram intimidade com esse espaço selvagem. A intimidade permite o conhecimento, e o conhecimento possibilita a elaboração. Os dois jovens, vencido o seu rito de passagem, se tornam humanos, e por sua vez conseguem humanizar e tornar menos hostil tanto o pai onça quanto a natureza à sua volta. Dessa forma, passam a caçar e a ensinar os bichos a viverem em harmonia com os homens.

Aqui caberia a pergunta: Pode-se compreender esse mito como uma representação idealizada do domínio da cultura humana sobre a natureza? Quando Bakororo e Itubore iniciam sua jornada de domesticação dos animais antropófagos, não estariam eles criando uma oposição indissolúvel entre o humano e o animal? A partir das reflexões anteriores, podemos intuir que a resposta tende para a negativa. A narrativa dos gêmeos míticos parece revelar a existência de uma irmandade entre homens e bichos. Se os dois heróis realizam sem dúvida uma jornada heroica de diferenciação em relação ao mundo selvagem, a narrativa deixa claro que tal diferenciação não vai envolver uma dominação ou uma dissociação. Os gêmeos passam a caçar alguns animais e ensinam às espécies mais perigosas a não devorar os homens. O mito revela que a caça é um ato natural e necessário na luta pela sobrevivência. Porém a caça não supõe a supremacia dos homens sobre a natureza. A narrativa termina com uma inequívoca imagem de harmonia entre o homem, a natureza e os animais.

Para iluminar o nosso mito sob um novo enfoque, vamos aqui utilizar as reflexões de Viveiros de Castro (2013) a respeito das relações entre o homem e a natureza nas cosmologias ameríndias. Segundo o autor, no pensamento indígena os animais e os humanos são diferentes apenas em aparência. Na essência, os homens e os bichos possuem o mesmo estatuto ontológico. Todos possuem uma alma e uma inteligência de tipo humano. Ou seja, todos os bichos são, no fundo, humanos, e se veem como homens. E, como os homens, são dotados de consciência e de subjetividade. Quando os animais estão inseridos dentro de sua própria cultura, essa semelhança ontológica fica oculta, e será “disfarçada” por roupagens diferentes. Para Viveiros de Castro, trata-se de uma cosmologia de "perspectivismo", pois os homens e os animais são sempre humanos, porém veem o Outro como não humano. As perspectivas são trocadas de acordo com a cultura de cada espécie:

> Em suma, os animais são gente, ou se veem como pessoas. Tal concepção está quase sempre associada à ideia de que a forma manifesta de cada espécie é um envoltório (uma "roupa") a esconder uma forma interna humana, normalmente visível apenas aos olhos da própria espécie ou de certos seres transespecíficos como os xamãs. Essa forma interna é o espírito do animal: uma intencionalidade ou subjetividade formalmente idêntica à consciência humana, materializável, digamos assim, em um esquema corporal humano oculto sob a máscara animal (VIVEIROS DE CASTRO, 2013: 351).

Para Viveiros de Castro, a função dos mitos seria justamente demonstrar que há um estado originário de identificação entre os humanos e os animais. As personagens das narrativas ameríndias são em geral seres híbridos em que se encontram misturados atributos humanos e não humanos, e todos, bichos e gente, se relacionam segundo os códigos de uma consciência e de uma cultura humana. O autor chama a atenção para o fato de que não se trata aqui de um conceito similar àquele existente no pensamento científico ocidental, que identifica homens e bichos a partir de uma "animalidade", ou base instintiva comum a todas as espécies. Trata-se exatamente do contrário: o que existe nas origens é uma consciência reflexiva e uma espiritualidade – sempre humana – que paira acima de todas as espécies, dissolvendo as suas diferenças em uma fonte transcendente comum. O que iguala homens e animais não é o instinto, é a alma humana. E os mitos indígenas confirmam tal ideia:

> Ponto de fuga universal do perspectivismo, o mito fala de um estado do ser onde os corpos e os nomes, as almas e as ações, o Eu e o Outro se interpenetram, mergulhados em um mesmo meio pré-subjetivo e pré-objetivo. Meio cujo fim, justamente, a mitologia se propõe a contar [...]. A condição original comum aos humanos e animais não é a animalidade, mas a humanidade (VIVEIROS DE CASTRO, 2013: 355).

A reflexão de Viveiros de Castro vem lançar uma luz especial sobre a narrativa dos Bororos aqui discutida. O mito dos gêmeos parece confirmar essa identificação ontológica entre homens e bichos apresentada pelo autor. No início do relato, uma jovem humana se casa com uma onça. Esta onça, por sua vez, possui todos os atributos de um ser humano. A onça conversa com a esposa normalmente, e esta não vê nada de errado em se casar com um "animal". Em seguida, a jovem dá à luz dois gêmeos que são meio homens meio onças. A mãe morre e a onça cuida deles muito bem, como se fosse um pai humano. Os dois heróis nascem com "roupas" de onça; depois crescem e se despem dessa roupagem para adquirir traços mais humanos. Por outro lado, vemos que a onça possui uma "espiritualidade" de tipo humana, e se comunica perfeitamente bem com seus filhos homens. Lembremos que o pai onça é quem fabrica os objetos para os filhos, apresentando, portanto, inteligência e qualidades humanas. O mito bororo vem a ser assim um exemplo privilegiado das cosmologias ameríndias, que afirmam a identidade espiritual entre o homem e o animal.

Mas a solução final do mito não é a confusão, ou a indiferenciação, entre homem e animal, entre natureza e cultura. Os dois heróis, após o rito de passagem, assumem mais a sua humanidade. Todavia, como um dia eles foram onças, tornam-se intermediários entre os homens e o mundo selvagem, e passam a ensinar os bichos da terra a viverem em harmonia com os seres humanos. A unidade ontológica entre animais e seres humanos não constitui assim uma indiferenciação caótica. A narrativa assinala que a cultura é o que caracteriza o homem. Mas se a diferença entre natureza e cultura é demarcada, ela não se define como uma oposição. Os dois heróis, por terem sido um dia onças, adquirem a habilidade de cruzar as barreiras entre as espécies e adotar a perspectiva do animal, compreendendo o seu mistério e atenuando as hostilidades interespecíficas. E os animais, por sua vez, podem compreender melhor e respeitar aqueles dois humanos que um dia foram onças.

A narrativa apresenta no final a vitória dos dois heróis caçadores sobre as forças obscuras e perigosas da natureza. Mas essa vitória não se afirma como um domínio do homem sobre o mundo animal, e sim como uma possibilidade de entendimento e de conciliação entre ambas as partes. Vemos que a identidade humana e a alteridade animal se encontram conectadas em um espaço comum de comunicabilidade e de intersubjetividade. Os dois heróis se confrontam com os perigos da natureza, sempre hostil e ameaçadora. Mas como eles um dia foram bichos, e viveram junto de um pai onça que também era humano, eles são capazes de adotar a perspectiva do animal. Os gêmeos cresceram mantendo intimidade com os espaços inferiores do instinto e do inconsciente. Assim eles são capazes de humanizar e integrar a energia ameaçadora da natureza. Dessa forma, podem mais facilmente compreender as forças selvagens para melhor elaborá-las. Bakororo e Itubore vão assumir o papel de interlocutores no difícil diálogo entre a natureza e a humanidade.

O exemplo dos nossos dois heróis bororos nos leva a concluir que os povos caçadores ameríndios possuem uma consciência muito refinada no que concerne à relação entre homens e animais. O homem sabe que o animal é espiritualmente um semelhante, e que ele mesmo, em outras circunstâncias, poderia ser bicho e estar sendo caçado. Assim, a caça deve ser realizada de forma a garantir a alimentação humana sem destruir a totalidade da energia animal. Sob essa perspectiva, os homens não se consideram superiores aos animais nem senhores da natureza. O homem não pode se apropriar indevidamente das forças selvagens, pois, se o fizer, estará destruindo espiritualmente a si mesmo.

Vemos aqui o esforço do pensamento ameríndio no sentido de criar, numa cultura de caçadores, uma consciência vigilante sobre a necessidade de preservação do equilíbrio entre o homem e as fontes de energia naturais. As trocas simbólicas devem se compensar mutuamente de forma a criar um movimento de contínua conciliação entre mundos potencialmente opostos. A narrativa dos heróis bororos nos revela que, no imaginário dos povos indígenas brasileiros, a irmandade simbólica existente entre homens e animais deve regular as práticas caçadoras e criar uma perspectiva de integração entre a cultura humana e a alteridade sagrada da natureza.

Referências

BALDUS, H. *Ensaios de etnologia brasileira*. Rio de Janeiro: Companhia Editora Nacional, 1937.

BETTELHEIM, B. *A psicanálise dos contos de fadas*. Rio de Janeiro: Paz e Terra, 1978.

BOECHAT, W. *A mitopoese da psique*. Petrópolis: Vozes, 2008.

COSTA E SILVA, A. *Lendas do índio brasileiro*. Rio de Janeiro: Ediouro, 1985.

FLORENZANO, M.B. *Nascer, viver e morrer na Grécia antiga*. São Paulo: Atual, 1996.

JUNG, C.G. *Os arquétipos e o inconsciente coletivo*. Petrópolis: Vozes, 2000.

OVÍDIO. *Metamorfoses*. São Paulo: Madras, 2003.

PERET, J.A. *Mitos e lendas Karajá*. Rio de Janeiro: Peret, 1979.

SCHADEN, E. *A mitologia heroica de tribos indígenas do Brasil*. Brasília: MEC, 1970.

SEABRA, Z. & MUSZAKT, M. *Identidade feminina*. Petrópolis: Vozes, 1985.

VAN GENNEP, A. *Os ritos de passagem*. Petrópolis: Vozes, 2011.

VILLAS BOAS, O. & VILLAS BOAS, C. *Xingu, os índios, seus mitos*. São Paulo: Círculo do Livro, 1970.

VIVEIROS DE CASTRO, E. *A inconstância da alma selvagem*. São Paulo: Cosac Naify, 2013.

7 A Pedra do Reino e o sebastianismo castanho – História e mito no sertão do Brasil

Carlos Bernardi (*in memoriam*, 1955-2018)*

*Marta Chagas***

Este livro não estaria completo se dele não fizesse parte o capítulo "A Pedra do Reino e o sebastianismo castanho – História e mito no sertão do Brasil". Sua inclusão é uma homenagem póstuma ao amigo e psicoterapeuta junguiano Carlos Bernardi, que, em jun.-jul. de 2017, esteve conosco em Salvador, na II Jornada da AJB intitulada "Alma Brasileira: revisitando nossas raízes culturais". Sete meses após apresentar seu trabalho, ele faleceu, e o único registro que ficou da sua apresentação foi a filmagem, na íntegra, da sua fala no evento.

Marta Chagas, também psicoterapeuta junguiana e amiga próxima há muitos anos de Bernardi, debruçou-se sobre essa difícil tarefa de transcrever o áudio e localizar as referências bibliográficas. Agradecemos muito a Marta, pois sem sua dis-

* Psicólogo clínico; doutor em Literatura Comparada pela Universidade Federal Fluminesne (UFF); profesor da Unesa e da PUC-Rio e colaborador do Ipa-Bahia; criador da revista *Rubedo*; autor de diversas publicações.

** Compilação e edição póstumas de escritos e falas do autor.

ponibilidade e dedicação não teria sido possível a publicação do texto neste livro.

A morte de Carlos Bernardi deixa um vazio na psicologia junguiana do Brasil. Psicoterapeuta, professor na graduação, na pós-graduação e no Ipa-Bahia, colaborador, durante muitos anos, do trabalho da Drª. Nise da Silveira na Casa das Palmeiras, autor de capítulos de livros e artigos sobre a psicologia analítica, fundador da revista *Rubedo*. Muito participativo, se fazia presente em todos os congressos e jornadas da AJB e nos Moitarás da SBPA, sempre contribuindo com trabalhos originais.

Seu derradeiro tema de pesquisa foi o sebastianismo, visto sob a perspectiva junguiana. Pretendia ampliar e aprofundar esses estudos e, para isso, viajou ao Maranhão, especialmente para a Ilha dos Lençóis, lugar mítico onde um mito messiânico, de origem portuguesa, ainda é vivido na espera do retorno definitivo de um "rei salvador" – D. Sebastião. É lá onde, ainda hoje, habita em alguma dimensão psíquica esse rei, portador da esperança e da transformação. Ele aparece de vez em quando aos moradores na praia ou nas dunas, reafirmando a promessa do Quinto Império.

Por fim, cito as palavras de Carlos Bernardi:

> A psicologia junguiana é habitada pelo sebastianismo, ânsia de plenitude e de totalidade – uma questão arquetípica. Sebastianismo é igual à individuação (uma loucura que nos atravessa para o bem ou para o mal). Individuação é o desejado sim. Mas está sempre encoberta. D. Sebastião nunca chega; está sempre chegando...
> Essa é a "febre de além" que a psicologia junguiana promete a todos nós!

Por Tereza Caribé

* * *

Como proposta de introdução ao trabalho, quero confessar que estou profundamente apaixonado por esse assunto! Há três meses não consigo dormir direito, mergulhado profundamente nessa história...

À guisa de resumo, listei, num primeiro momento, alguns dos temas que atravessam este trabalho. Para isso, tive de fazer algumas amputações...

História, mito, fábula, ficção, imaginação; guerras, mouros, conquistas, inimigos, profecia, identidade, alucinógenos, loucura, delírios, racismo; astúcia, tramoia, traição; epopeia, vitória, derrota; império, república, nacionalismo, política; orgulho, estima, luto, frustração, tristeza, esperança, sofrimento, pobreza; judaísmo, cristianismo, islã; índios, negros, mulatos e mamelucos; portugueses, espanhóis, celtas, bretões, reis, rainhas, príncipes e princesas; cavaleiros, escudeiros, damas, infantes; Carlos Magno, cruzados, templários, Artur e sua Távola Redonda; castelos, cavernas, gigantes, dragões, bruxas e magos; sonho, utopia, socialismo, justiça, exploração, escravidão; plebeus, jagunços, cangaceiros; messianismo, milenarismo, futuro, retorno, desejo; ocultação e vergonha; literatura, poesia, povo; febre de além.

A história de D. Sebastião, décimo sétimo rei de Portugal e terceiro rei do Brasil, aponta suas lanças e espadas para todos esses temas, fazendo-os renascer ou se revelar em recontextualizações que recriam seu fado, reescrevendo-os em novas significações e em novas cores. Será principalmente o castanho a cor que tingirá nossos versos prosaísticos.

Listei os temas; porém, deles, muito pouco poderei falar. Ficam aqui semelhantes aos índices classificatórios da poesia popular nordestina, que, como folhetos pendurados e expostos, tanto alimentaram a imaginação, a curiosidade e as emoções da população sofrida do sertão. Eles serão, também, o fio condutor de boa parte do que será tratado aqui. É que o tempo é escasso e a cantoria toda iria longe...

Mas, prometo que nada disso terminará hoje, tendo sorte; pois cantar sobre D. Sebastião é sempre aguardar um futuro...

Cabe aqui arrancar um "tantinho" desse tempo, só uma lasquinha, para enumerar os "ciclos temáticos da poesia popular" propostos por Ariano Suassuna, não deixando de ressaltar que tem muita gente que "dá pulos e esperneia" só de ouvir falar em classificações acerca dessa literatura, e ainda outros que propõem classificações ainda mais minuciosas.

No entanto, vamos tentar sentir, por um momento, como se isso não passasse de uma brincadeira de criança, o *ludus puerorum*, em latim, como alguns alquimistas gostavam de se referir ao seu trabalho, pois sem a capacidade de brincar jamais teríamos nossas almas tocadas por essas histórias. Eis a classificação:

1) ciclo heroico;
2) ciclo maravilhoso;
3) ciclo religioso e de moralidades;
4) ciclo cósmico, satírico e picaresco;
5) ciclo histórico e circunstancial;
6) ciclo de amor e fidelidade.

Fica fácil perceber que a lista que propus cabe em alguns desses malotes... Certamente, em todos.

Finalmente, para adentrar em nosso assunto, vamos iniciar com o "ciclo histórico e circunstancial", pois falarei um pouco da história de um rei de verdade e de alguns acontecimentos "verdadeiramente" verdadeiros, mesmo reconhecendo que, em seguida, os ciclos do "heroico", do "maravilhoso" e do "religioso" adentrarão nossa conversa.

Mas, não é justamente isso, a ausência de limites rígidos, que torna tudo que passa pelo psiquismo humano algo tão interessante, tão fascinante? Mas de qual história pretendo falar?

Mario Vargas Llosa comenta sobre a personagem D. Quixote:

> Lo anima um designio enlouquecido; resuscitar el tempo eclipsado siglos atrás (y que, por lo demás, nunca existió) de los caballeros andantes, que reccorían el mundo socorriendo a los débiles, desfaciendo tuertos y haciendo reinar uma justicia para los seres del común que de otro modo éstos jamás alcanzarían, del que se ha impreegnado leyendo las novelas de caballerías, a las que él atribuye la veracidad de escrupulosos libros de historia[1].

D. Quixote buscava distribuir justiça, acreditando ter havido um tempo no qual isso verdadeiramente acontecera. Mas, na verdade, não passava de um projeto de futuro, um sonho, uma quimera...

Prossegue Llosa:

> Significa esto que *D. Quijote de la Mancha* es um livro pasadista, que la locura de Alonso Quijano nace de la desesperada nostalgia de un mundo que se fue, de um rechazo visceral de la modernidad y el progreso? Eso seria cierto si el mundo que el Quijote añora y se empeña em resucitar hubiera alguna vez formado parte de la historia...
>
> Así, el sueño que convierte a Alonso Quijano en D. Quijote de la Mancha no consiste en reactualizar el passado, sino en algo todavía mucho más ambicioso: realizar el

---

1. Cf. Mario Vargas Llosa, *Una novela para el siglo XXI* (prólogo da edição popular de *D. Quixote* da Real Academia Espanhola).

> mito, transformar la ficción em historia viva (LLOSA, op. cit.).

Quando Miguel de Cervantes publicou a primeira parte das aventuras do seu Cavaleiro da Triste Figura, Portugal não mais existia como reino independente. O ano de 1605 distava menos de 33 anos da publicação da epopeia que narrava os feitos e as glórias do povo português, *Os lusíadas* de Luís de Camões. Aquele ano, além do mais, estava há apenas 27 anos do fato histórico marcante e nefasto que vai dar origem a todos esses acontecimentos e narrativas: a morte de D. Sebastião no campo de batalha em Alcácer-Quibir, no Marrocos, em guerra desequilibrada e suicida contra os mouros no ano de 1578.

Sem descendentes ao trono, Portugal não conseguiu resistir às pressões dos reis da Espanha, que, finalmente, em 1581, anexou o antigo Condado de Portus Cali, estabelecendo a dinastia filipina. Somente em 1640 é que o país recuperou sua autonomia com El-Rey D. João IV, o restaurador, fundador da Dinastia dos Bragança (D. Sebastião era da Dinastia dos Avis).

Posso afirmar, sem hesitação, que na história da construção de Portugal é impossível separar o político do religioso. O ato fundador do reino se deu em 25 de julho de 1139, na Batalha de Ourique, onde Afonso Henriques enfrentou as forças árabes que habitavam toda a Península Ibérica desde o ano de 711.

Mesmo em número menor de soldados, o futuro Rei Afonso I conseguiu derrotar cinco regentes mouros. A confiança na vitória veio numa visão que Afonso Henriques teve de Cristo com sua hoste de anjos. Desde então, as guerras portuguesas tiveram um traço de guerra santa contra os inimigos da Cristandade. Esse feito está estampado no próprio brasão português, onde vemos cinco escudos, representando os reis muçulmanos derrotados, com cinco pontos brancos, representando as cinco chagas de Cristo.

Os reis subsequentes foram consolidando o reino, conquistando importantes cidades do Marrocos e de outras regiões da costa africana, e iniciando sua expansão ultramarina. O auge desse movimento foi atingido com D. Manuel I, décimo quinto rei de Portugal e primeiro rei do Brasil. Sob seu reinado, em 1498 Vasco da Gama descobriu o caminho para as Índias e Pedro Álvares Cabral descobriu, em 1500, o Brasil.

Com sua morte em 1521, seu filho mais velho, D. João III, herdou o trono. Ele preferiu abandonar as cidades conquistadas no Marrocos, que eram ininterruptamente atacadas pelos mouros, mas que foram símbolos da grandeza portuguesa, e investir na colonização e povoação do Brasil, muito mais pacífica e eficaz, com a escravização dos índios e dos negros. Para facilitar a administração da colônia, ele a dividiu em capitanias hereditárias; no combate aos infiéis, concentrou seus esforços à perseguição aos judeus, introduzindo, em 1536, a Inquisição no reino. O Brasil foi o último país a ter um Tribunal da Inquisição.

Quando D. João III faleceu em 1557, o país ficou sem nenhum regente. Apesar de ter tido nove filhos, todos morreram muito jovens, com exceção do caçula, D. João Manuel, que viveu 17 anos. Por isso, naquela época, achava-se que o reino estava amaldiçoado e que seria castigado.

Aos 16 anos, D. João Manuel casou-se com a infanta Joana da Áustria, filha de Carlos V e irmã do Rei Felipe da Espanha.

Porém, como já foi dito, D. João Manuel morreu no ano seguinte, aos 17 anos. Mesmo assim, deixou um descendente que achava-se "encoberto" no ventre materno. Quando nasceu, no dia 20 de janeiro de 1554, a criança recebeu o nome de Sebastião em homenagem ao santo mártir que era comemorado naquele dia. D. Sebastião não conheceu seu pai, que faleceu duas semanas antes de seu nascimento. Foi coroado com a morte do avô, em 1557, com apenas três anos. O futuro rei desejado só foi governar mesmo em 1568, 14 anos após seu nascimento. Enquanto isso, Portugal teve governos provisórios, sofrendo a ameaça constante e angustiante de ser unificado à Espanha.

Essa polaridade entre encoberto e desejado acompanhará seu nome para sempre: Sebastião estava destinado a transformar a ficção em história viva.

Criado para a guerra, sonhava em restaurar a antiga glória de Portugal e em repetir os feitos de Afonso I, combatendo os mouros infiéis. Inclusive, ele seguiu para a batalha final no Marrocos carregando a espada de Afonso I.

Em sua educação não faltavam os livros de cavalaria, tão em moda na Europa medieval. O *Memorial das proezas da Segunda Távola Redonda* lhe foi dedicado e entregue em mãos por seu autor, Jorge Ferreira de Vasconcelos, em 1567. Este, junto com a *Crônica do Imperador Clarimundo*, de João de Barros, e o *Palmerino d'Inglaterra*, de 1547, de Francisco de Morais (que possui uma edição portuguesa lindíssima), eram as histórias de cavalaria mais lidas em Portugal em sua época.

Também Camões dedica sua epopeia ao jovem rei:

> E vós, ó bem nascida segurança
> Da lusitana antiga liberdade,
> E não menos certíssima esperança
> De aumento da antiga Cristandade.

Vós, ó nosso terror da maura lança,
Maravilha fatal da nossa idade,
(Dada ao mundo por Deus, que todo o mande
Para do mundo a Deus dar parte grande)[2].

Já aqui podemos perceber seu fado que é, ao mesmo tempo, sua herança fatídica de restaurador das glórias de Portugal e daquele que, em nome de Cristo e abençoado pelo papa, iria derrotar os infiéis muçulmanos.

A construção desse seu destino está profundamente associada ao nome de um sapateiro da cidade de Troncoso, chamado Gonçalo Annes, o Bandarra. Essa cidade abrigava um número grande de judeus foragidos da Inquisição espanhola, e, portanto, respirava as crenças messiânicas e escatológicas de origem judaica, fato que certamente influenciou o sapateiro. Nascido em 1500, o Bandarra escreveu entre 1520 e 1540, a partir de suas leituras da Bíblia, trovas que anunciavam a restauração do destino glorioso de Portugal. Ele próprio foi julgado pela Inquisição em 1540, mas não foi condenado à morte: apenas ficou impedido de dar interpretações pessoais sobre o livro sagrado. Suas trovas só foram publicadas em 1602 e baseavam-se em um discurso que realimentava o sonho de grandeza e do poder imperial de Portugal. Aos reis a que ele aludia associaram o nome de D. João III e de seu neto, D. Sebastião.

As trovas de Gonçalo Annes tinham caráter profético:

Vejo tanta misturada
Sem haver chefe que mande...
Como quereis que a cura ande
Se a ferida está danada?

---

2. CAMÕES, L. *Os lusíadas* – Canto primeiro. 6 ed. Porto: s.d., 642 p. [org. por Emanuel Paulo Ramos].

Logo depois ele anuncia:

Já o leão é esperto
Mui alerto
Já acordou, anda caminho,
Tirará cedo do ninho
O porco, e é mui certo.
Fugirá para o deserto,
Do leão, e seu bramido,
Demonstra que vai ferido
Desse bom Rei Encoberto[3].

Porém a História, diferente dos mitos, não é cíclica e por isso não se repete... Dessa vez, foram os porcos que derrotaram o leão (os porcos seriam os judeus e os muçulmanos). Se, nos idos da fundação de Portugal, D. Afonso Henriques derrotou, miraculosamente, com seu pequeno exército, um número superior de mouros, o mesmo não aconteceu com D. Sebastião. Na Batalha dos Três Reis, como ficou conhecida no Marrocos (pois ali morreram três regentes, um português e dois muçulmanos), dessa vez foram os muçulmanos que saíram vencedores. O próprio rei do Marrocos vivia uma crise sucessória interna: Mulei Mohammed foi destituído do trono por seu tio, o Mulei Abd al-Malik, curiosamente o mesmo destino de D. Sebastião com o rei da Espanha, seu tio Felipe II. Na Batalha de Alcácer-Quibir, o exército português, com cerca de quinze mil homens, foi dizimado pelas tropas de al-Malik reunidas em número igualmente superior, que conseguiu cercar o exército inimigo. Dessa vez, o lema "com esse signo vencerás" não funcionou; mas deixou no campo de batalha

3. Gonçalo Annes é citado pelo Padre Antonio Vieira por meio de Miguel Real em *Nova teoria do sebastianismo*, publicado pela editora Dom Quixote.

os corpos dos três reis... O dia 4 de agosto de 1578 foi um dia funesto para os portugueses!

Segundo Lucete Valenzi, os relatos da derrota só foram publicados em língua portuguesa mais de vinte anos depois. Parece que eles precisaram de duas décadas para a elaboração de seu luto!

Surgiu, então, o mito alimentado por todas essas histórias que acabei de narrar. Passou-se a acreditar que o corpo de D. Sebastião não havia sido encontrado, fato negado nas crônicas muçulmanas sobre a batalha. De fato, eles enviaram para Portugal o corpo do soberano. Felipe II, que a essa altura dos acontecimentos já governava toda a Península Ibérica, enterrou D. Sebastião na Igreja dos Gerônimos.

Mesmo assim, muitos acreditavam que essas notícias eram falsas, que o Rei D. Sebastião teria conseguido escapar e estaria apenas aguardando um melhor momento para seu retorno. Um dos lugares onde ele, supostamente, se escondera teria sido na Ilha de Lençóis, no Maranhão, na colônia chamada Brasil.

Esse é o núcleo central daquilo que é conhecido como sebastianismo!

Quando as caravelas atravessaram o Atlântico trouxeram, junto com os primeiros marinheiros portugueses, suas comidas, suas danças, suas literaturas, suas crenças e seus mitos... Contudo, nessa chegada aos trópicos, toda essa herança se readaptou, incluindo aí os próprios anseios sebastianistas messiânicos. Eles mudaram de cor, ficaram morenos, castanhos, como quer Ariano Suassuna, ou rústicos, como prefere Maria Isaura Pereira de Queiroz. Ficaram mais quixotescos, mais próximos dos sonhos do cavaleiro andante justiceiro. Já não era mais o reino com sua corte de nobres que seria restaurado, mas o novo tempo para o povo sofrido e colonizado do Brasil.

Um dos principais difusores do retorno do Encoberto em nossas terras foi o Padre Antonio Vieira, que associava tal epíteto ao rei da Dinastia dos Bragança que, nas palavras de Ariano Suassuna, pertenceria aos "reis e imperadores estrangeirados e falsificados".

As principais manifestações sebastianistas brasileiras não estavam ligadas à realeza, mas a personagens que brotavam, por assim dizer, da terra. Antônio Conselheiro, com seu Arraial de Canudos, foi um deles; outro ocorreu numa região cuja posse foi contestada pelo Paraná e por Santa Catarina, na Batalha da Serra do Contestador; houve também um na Serra do Rodeador, em Pernambuco; e não podemos nos esquecer de mencionar que os habitantes da Ilha dos Lençóis, no litoral maranhense, com sua grande população de albinos, consideram-se descendentes diretos do Encoberto, que teria chegado à ilha sob a forma de um touro encantado!

Mas tudo isso terá de ficar para uma outra ocasião...

Vou ter de me concentrar, apenas, no que ocorreu na Serra do Pajeú, na divisa entre Pernambuco e Paraíba, lá para os lados do Ceará, no lugar conhecido como Pedra Bonita, mas tornada famosa como Pedra do Reino.

Há alguns elementos comuns em todos esses casos anteriormente elencados:

1) o nome de D. Sebastião era explicitamente invocado;

2) todas essas manifestações surgiram e se desenvolveram entre populações pobres e desassistidas;

3) todos sonhavam com condições de vida mais justas e satisfatórias;

4) por último, todos foram violentamente massacrados e eliminados por forças policiais e militares, com a ajuda de políticos e de fazendeiros.

Acho importante informar que os sonhos messiânicos restaurativos trazidos pelos colonizadores encontraram, entre os filhos originais deste solo, formulações semelhantes. O antropólogo Egon Schaden destaca que surtos messiânicos geralmente são precedidos por um contato entre culturas desiguais que geram confusão e desorientação; as normas grupais tendem a desaparecer e começam a imperar as decisões de caráter individual[4].

Esse substrato indígena irá facilitar a compreensão do que aconteceu na Pedra Bonita, visto que o indivíduo que deu origem aos acontecimentos era mameluco.

Tudo se passou entre os anos de 1836 e 1838, quando o Brasil já tinha se tornado independente de Portugal. O texto principal que nos apresenta tais fatos foi escrito por Antônio Attico de Souza Leite, em 1875, intitulado *Memória sobre a Pedra Bonita ou o Reino Encantado na Comarca de Vila Bela, província de Pernambuco*. Sua segunda edição apareceu em 1898 com o título *Fanatismo religioso*.

Baseadas nesse documento, foram produzidas três narrativas ficcionais: a primeira de autoria de Tristão de Alencar Araripe Júnior, chamado *Reino encantado*, de 1878; a segun-

---

4. Cf. SCHADEN, E. *Homem, cultura e sociedade no Brasil*. Petrópolis: Vozes, 1972.

da, que tem como título *Pedra bonita*, publicada em 1938, foi de autoria do paraibano José Lins do Rego; e, a última, de 1971, foi escrita pelo também paraibano Ariano Suassuna, com um título pomposo e cordelista: *Romance da Pedra do Reino e o Príncipe do Sangue do Vai-e-Volta*.

Semelhante a Euclides da Cunha que, em seus *Sertões*, condenou Antônio Conselheiro, Souza Leite também escreveu condenando os reis de Pedra Bonita pelos desvios e exageros, principalmente a João Ferreira. Na primeira edição do livro, afirmou que passou pelo sertão um "frêmito de neurose"; já na segunda edição, explicou o fenômeno como originando-se da tendência que o espírito humano tem para abraçar o maravilhoso e o fantástico em todas as épocas[5]. Embora já aponte a existência de desarranjos, suas colocações estão longe da sofisticação psiquiátrica de Nina Rodrigues, com suas tonalidades explicitamente racistas, que diz:

> É também a tendência sanguinária, são os instintos cruéis da mais selvagem ausência de piedade que possuem normalmente, ainda hoje, quando entregues a si mesmas, as raças inferiores ou seus descendentes diretos que constituem as populações misturadas.
>
> Na horrível hecatombe de Pedra Bonita, o delírio vesânico nada criou; despertou ao máximo tendências e instintos de crueldade, não apagados, mas simplesmente adormecidos. Essa hecatombe não ultrapassa em crueldade os festins antropofágicos dos índios, nem o furor destruidor dos sacrifícios humanos praticados nas festas

5. Cf. SOUZA LEITE, A.A. *Memória sobre a Pedra Bonita ou o Reino Encantado na Comarca de Vila Bela, província de Pernambuco*. Instituto Typographico do Direito, 1875.

> religiosas da Costa d'África, de onde provém nossos negros, em grande parte[6].

Em resumo, populações mestiças, já naturalmente violentas devida à sua carga genética de qualidade inferior, vale dizer os índios e os negros, foram presas fáceis de líderes enlouquecidos que espalharam seus delírios por contágio emocional!

Mas, antes de apresentar a história, vamos à geografia: em meio a uma vasta clareira, surgem duas pedras alongadas, com cerca de trinta metros de altura; não há nenhuma formação rochosa próxima que pudesse explicar aquelas pedras: era como se elas tivessem sido colocadas ali "manualmente"; pedras menores cercam as duas torres maiores; elas possuem pequenos "cristais" que brilham pouco ao sol. Por isso o nome Pedra Bonita. Atrás, as pedras menores formam uma espécie de "salão", onde se pode entrar. Quando se chega ao local, não se vê mais nada ao redor... O próprio Nina Rodrigues ficou muito impressionado ao visitar o local!

Lá numa pedra menor, o rei fazia seus pronunciamentos; da pedra maior, aconteceu uma situação da qual falarei melhor posteriormente. Há também uma caverna; pode-se entrar nela (só não entrei com medo de cobra e de aranha). Lá dentro eram feitos vários rituais.

Agora, os fatos: em 1836, o mameluco João Antônio dos Santos apareceu na região de posse de duas pedras que ele dizia serem brilhantes, e de um folheto que continha a história do misterioso desaparecimento do Rei D. Sebastião na batalha que empreendeu no Marrocos. Dizia que o próprio rei o con-

---

6. Cf. RODRIGUES, R.N. *As coletividades anormais*. Vol. 76 [1939]. Brasília: Edições do Senado, 2006, p. 09-24.

duzira a uma lagoa encantada onde havia aqueles brilhantes... Souza Leite assim o descreveu:

> Homem sagaz, astuto e manhoso; ele sabia insinuar-se no ânimo das pessoas a quem comunicava os mistérios que se inculcava depositário. João Antônio era um embusteiro[7].

E João Antônio dizia mais:

> No momento em que se casasse com uma tal de Maria, fato que lhe era negado pelo pai da moça, o reino se desencantaria, pois aquelas duas pedras nada mais seriam que as duas torres do castelo ou da catedral do reino do rei português[8].

Segundo Souza Leite, João Antônio conseguiu realizar seu desejo, casar-se com Maria, ao mesmo tempo que ia ajuntando seguidores.

O Padre Francisco Correia foi chamado com o único objetivo de desenraizar tão pernicioso fanatismo do espírito do povo. Foi procurar João Antônio para acabar com aquela abominável seita. O mameluco concordou com o pedido do padre, entregando-lhe as pedras, que não eram brilhantes, e confessou publicamente que aquilo tudo não passava de mentiras. Ele retirou-se para o Cariri, com sua mulher, que talvez tivesse sido o objetivo maior de toda aquela lorota picaresca. Posteriormente, escondeu-se no interior de Minas, mas foi encontrado e morto por dois policiais colocados em seu encalço.

Dois anos depois, um sobrinho seu resolveu desenterrar o sonho sebastianista e se autoproclamou como o Segundo Rei da Pedra Bonita. Seu nome era João Ferreira. Com ele a

---

7. Cf. SOUZA LEITE, 2006.

8. Ibid.

história tomou uma direção muito mais trágica e assustadora. Souza Leite quase sempre traz epítetos a seu nome como “o monstruoso”, “o perverso”, “o desumano”, “o execrável”.

Ele conseguiu reunir ainda mais adeptos, prometendo-lhes a restauração do reino: o momento em que todas as pessoas seriam recompensadas.

Prometia João Ferreira:

> [...] porque, se eram pretas, voltavam alvas como almas imortais, ricas e poderosas... E, se eram velhas, vinham moças, e da mesma forma ricas, poderosas e imortais, com todos esses seus[9].

O rei administrava os eventos da multidão que aumentava a cada dia, estabelecendo, inclusive, regras sexuais exóticas: a poligamia era permitida e, em cada casamento que ocorria, o direito de passar a primeira noite com a noiva lhe pertencia.

Consumia também uma bebida feita à base da jurema preta, arbusto comum na região, cujo chá possui efeitos alucinógenos. Acrescentava a esse chá uma outra planta, o manacá, que possui efeitos semelhantes à cocaína: era o “vinho encantado”, segundo Souza Leite.

Eis que no dia 14 de maio de 1838 o rei proclamou que D. Sebastião estava muito insatisfeito com seu povo, pois

> [...] que aquele reino era de muitas glórias e riquezas, mas como tudo que era encantado só se desencantava com sangue... Era necessário banhar-se as pedras e regar-se todo o campo vizinho com sangue dos velhos, dos moços, das crianças, e dos irracionais; que isso, além de necessário para D. Sebastião poder vir logo trazer as riquezas, era vantajoso para as pessoas[10].

---

9. Ibid.

10. Ibid.

Deu-se início a uma grande matança! Souza Leite descreve alguns casos:

> O primeiro foi João: ele subiu ao cume de um rochedo próximo, preciptando-se com dois netos nos braços, de uma altura maior de cinquenta palmos. O instinto de conservação, reagindo contra a loucura naquela ocasião, obrigou-o a salvar-se, se bem que muito confuso e com a perda dos dois netos, agarrou-se nas folhas de um robusto cartolezeiro que encontrou no meio da queda.
>
> [...] Em seguida, Jozé Vieira pegou seu filho maior, de dez anos, colocou-o sobre a pedra do sacrifício e decepou-lhe o braço no primeiro golpe; e isso enquanto a vítima, ajoelhando-se, bradava-lhe, de mãos postas: "Meu pai, você não me dizia que me queria tanto bem?!"
>
> O Rei João Ferreira mandou matar Izabel, que era irmã de João Antônio, o primeiro rei, e de Pedro Antônio. Ela estava grávida. Tão adiantado era o estado interessante dessa infeliz que, momentos depois de ter recebido o golpe fatal, a criança rolava pela rampa da pedra e estendia-se no chão.
>
> Finalmente, Jozefa, irmã desta, de Pedro Antônio e de João Antônio, conhecida como rainha por se ter casado ali mesmo com o monstro, não podendo suportar, sem queixas, o concubinato em que vivia seu pretenso marido, recebeu deste mais de setenta facadas durante a noite do dia 16[11].

Ao final desse dia tenebroso, João Ferreira conseguira matar trinta crianças, doze homens, incluindo seu pai, doze mulheres e catorze cães. Com o sangue das vítimas conseguiu banhar a base das pedras e molhar os terrenos próximos. Os

---

11. Ibid.

mortos iam sendo colocados ao pé das pedras em grupos simétricos, conforme o sexo, idade e qualidade dos mesmos.

Mas a história não terminou assim: Pedro Antônio, irmão do primeiro rei, vendo suas duas irmãs serem cruelmente mortas, achou por direito declarar

> que D. Sebastião, cercado da sua corte, lhe aparecera na noite antecedente, e reclamava a presença do rei, única vítima que faltava para operar-se o seu completo desencantamento.
>
> Viva El-Rey D. Sebastião! Viva nosso irmão Pedro Antônio![12]

"O terror de João Ferreira o fez perder as forças das pernas", nos conta Souza Leite. Ele foi morto e Pedro Antônio foi proclamado o Terceiro Rei da Pedra do Reino. O autor, numa nota de rodapé, nos informa algo notável:

> As pessoas que estiveram no reino são concordes em afirmar, sem admitir minha contestação, e isso desde aquela época até hoje, que viram-se forçadas a quebrar a cabeça de João Ferreira, a extrair-lhe as entranhas e atar os pés e as mãos do seu cadáver naquelas árvores por causa dos berros, das roncarias e dos sinistros movimentos que ele, depois de morto, executava com a boca, com o ventre e com os braços. Como quer que seja, era esse o estado do seu cadáver, quando o missionário Francisco Correia o encontrou e desenhou[13].

Francisco Correia, dois meses depois do acontecido, voltou à região e desenhou o que estava vendo naquele lugar: as ossadas, o rei preso em duas árvores. Diziam que os cachorros iam voltar como dragões e que todo mundo iria ressuscitar tam-

---

12. Ibid.

13. Ibid.

bém; havia um cheiro terrível de carne podre, pois ninguém fora enterrado, porque eles achavam que iriam reviver. Foi nesse estado que o padre encontrou a situação e fez esse esquema:

> Enquanto isso, Pedro Antônio era proclamado rei. Porém, as tropas de Manuel Pereira da Silva, avisadas por um agricultor que conseguira fugir da matança, partiram em direção às pedras para acabar com aquela loucura. Entrando por um capinzal, deram de cara com o novo rei que, imediatamente, convocou seu exército. Uma nova carnificina aconteceu e teria ido longe, caso Pereira da Silva não tivesse dado a seguinte ordem: "Poupemos esses infelizes que, perdidos pela má doutrina, permitiu Deus que caíssem em nossas mãos, para serem salvos pelo espírito da verdadeira religião!"[14]

Os homens sobreviventes foram presos e as mulheres e crianças foram distribuídas pelas famílias das redondezas. Uma, porém, teria tido destino mais glorioso: aquela criança, filha da irmã da rainha, nascida no instante em que sua mãe era morta por ordem do rei, aquela que rolou pela pedra... Ela foi transformada por Ariano Suassuna em D. Pedro Diniz Ferreira Quaderna, futuro rei do Quinto Império, narrador do *Romance da Pedra do Reino e o Príncipe de Sangue Vai-e-Volta*.

Mas esse é folheto e cantoria para um outro momento.

D. Sebastião há muito deixou de ser um simples nome próprio para constituir-se em um verdadeiro símbolo, um símbolo vivo, no entender de Jung, ainda com força suficiente para inspirar e gerar anseios por mudanças. Tais anseios foram muito bem expressos por Fernando Pessoa, em uma poesia em homenagem ao soberano:

---

14. Ibid.

Louco, sim, louco, porque quis grandeza
Qual a sorte não dá.
Não coube em mim minha certeza;
Por isso onde o areal está
Ficou meu ser que houve, não o que há.
Minha loucura, que outros que me a tomem
Com o que nela ia.
Sem a loucura, que é o homem
Mais que a besta sadia,
Cadáver adiado que procria?[15]

Ariano Suassuna "assumiu" sua loucura e fez um santuário diante das pedras, batizado de "Iluminara Pedra do Reino". O santuário, que contém esculturas com as personagens de seu romance, foi dedicado a Aleijadinho. Isso porque Suassuna ligou a Pedra do Reino ao Santuário de Congonhas, em Minas Gerais, que contém as principais obras do escultor. Para o escritor paraibano, esses dois sítios constituem os marcos religiosos do Brasil.

"O mito é o nada que é tudo", nos fala Fernando Pessoa.

Podemos dizer que a psicologia junguiana é habitada pelo sebastianismo. Eduardo Lourenço nos chama a atenção que o sebastianismo, na verdade, é anterior a D. Sebastião! Ele não vem depois: já havia essa ânsia de plenitude, totalidade; é praticamente uma questão arquetípica. O sebastianismo, na psicologia de Jung, estaria ligado ao conceito de processo de individuação. Essa é a loucura que Jung diz que nos atravessa, para o bem ou para o mal; é ela que nos impede, como diz o poeta, "de sermos apenas cadáveres adiados".

---

15. Cf. PESSOA, F. *Mensagem*. Quinta/Lisboa: Parceria António Maria Pereira, 1934: 42 [10. ed. Lisboa: Ática, 1972].

Individuação é o desejado sim. Mas não podemos nos esquecer que ela está sempre encoberta. D. Sebastião nunca chega; está sempre chegando...

E essa é a "febre de além" que a psicologia junguiana promete a todos nós!